與迪士尼同行

簡廷在的三意與十力

簡廷在
吳仁麟
著

善科基金會董事長、前行政院院長　張善政

　　幾乎所有國人出國旅遊，都會去「主題公園」玩。例如我二十年前帶十歲兒子出國，目標就是洛杉磯的迪士尼樂園、聖地牙哥的海洋公園及野生動物園，這三個主題公園的吸引力，就讓我無怨無悔願意花全家三個人的機票與旅館錢。

　　同樣在國內，六福村、小人國等也都是大家耳熟能詳的主題公園。主題公園，可說是各國旅遊吸引遊客的重要據點，更是彰顯各國文化的櫥窗。

　　簡廷在董事長的這本書，細數他在海內外主題公園的故事，讓人目不暇給。原來，國際上許多著名主題公園建設背後的無名英雄，竟然是臺灣的一家公司──簡廷在董事長的豪門文化科技創意公司。廷在董事長遊走兩岸與國際，吸收了各地的文化精髓，然後設計出讓人驚豔的作品，這是一般人少有的能耐。

　　廷在董事長告訴我，他很佩服以前的歐洲人，在吃飽穿

暖之餘，能為子孫留下許多傲人的文化遺產。然後廷在董事長再給我看他公司建築的照片，若說是一棟歐洲宮廷建築也不為過，再配合花園般的庭園設計，不折不扣就是一個觀光景點。我頓時體會到廷在董事長的用心，原來他雖然身在商界，但是也希望效法前人，留下一些資產給子孫。

他留下的資產除了宮廷式的公司園區外，更重要的是他嘔心瀝血設計出來美輪美奐的主題公園。儘管這些主題公園最後不會冠上他的名字，但是他「讓世界更美」的心願已經無形中實現。

反之，國內有許多呼風喚雨的企業家，畢生累積家財萬貫，做公益慈善者多，但是有心去建設一些可以長久保存文化藝術資產的人，卻是寥寥可數。對比之下，廷在董事長反而成了珍貴的異數，讀者可以透過這本書，好好體會廷在董事長的用心。

到了數位時代，藝術可以有嶄新的呈現方式。所以最近我專注在「科技與藝術的邂逅」這個主題到處演講，希望能帶起國內文創藝術圈應用數位科技創作的風氣。在國內，屏東海洋生物博物館第三期的展覽，即是透過電腦科技呈現史前的海洋動物，非常受到歡迎。這是蒐盡全球海洋生物也無法實體網羅

的題材，唯有透過考古生物考證與數位科技才能呈現。

數位科技的虛擬實境、擴增實境，運用在主題公園裡可以有無遠弗屆的想像空間。臺灣有堅實的資通訊科技，若再結合廷在董事長的管道與平臺，臺灣有可能在國際上新一代的數位主題公園，扮演領導者的角色。尤其當今年輕人可說是「數位原住民」，這樣的主題公園題材，吸引力自是不可限量，商機無限！

期待廷在董事長在接下來的歲月裡能夠引領潮流，展現主題公園的新局，讓臺灣的美學與數位創意能夠發光發熱，名揚全球。

以創意藝術提升人類文化生活素質

海峽兩岸經貿文化交流協會會長、東吳大學商學管理講座教授 高孔廉

　　廷在兄最近完成了這本著作,並力邀我寫序,因此我得以先睹為快。收到他寄來的草稿,我花了五個小時很快的讀了一遍,覺得是本精彩的好書,值得推薦。

　　廷在兄是我多年好友,他所經營的豪門公司,打造了許多著名的地標,包括上海迪士尼、花蓮海洋公園、澳門漁人碼頭、澳門威尼斯人酒店、珠海長隆海洋公園等,不僅有藝術的美感,更是許多去過的人擁有的共同記憶。

　　如今他把創業經過及經營管理的心得留下書面紀錄,值得大眾撥冗一讀。直到看到本書才知道他的艱苦奮鬥歷程,他出身寒門,身處偏鄉,由於兄姊輟學工作,才能供應他讀到高中,而他也認真學習,發掘了他在工藝美術方面的天分。

　　在高中畢業後就決定先就業,包括承包軍中福利社培養的經管商業經驗,退伍後在家中開設小作坊,製銷浮雕匾額及擺飾品等,當時就有「產品差異化」的巧思,使得產品銷路大增。

後來隨著市場變化，他有了轉型求生的需要，於是轉向拓展庭園景觀市場，這種對於環境變化的「洞察力」及能夠快速調整因應，是他能成功的關鍵。

在轉型過程中，由於工作需要，他也自學了房屋的結構學和力學，房屋經過他的藝術包裝後，因而大幅增值。好學不倦，能夠隨時吸收新知識，是成功的必要條件。

他在第一章提及三十多年的事業旅程，走過四個重要時期，包括創業期、發展期、起飛期，但未提及第四個時期，我個人讀完書稿後，覺得應該在 2007 年澳門威尼斯完工或 2016 年上海迪士尼開幕後，可稱之為「躍升期」，是事業再創高峰的一個時期。

他這本書的主軸是他自創的「**三意與十力**」，所謂「**三意**」，指的是「創意、公益與生意」。創意是事業發展的基礎，唯有創意才能擺脫「紅海」的激烈競爭，邁向「藍海」的寬闊市場。而開拓市場的過程，不能只有私利，必須從公益角度出發，自問能為社會留下什麼，值得大家共同回憶。

他除了本身的事業外，也熱心公益、服務臺商，擔任澳門及珠海等地臺商會長，協助解決臺商困難。

第三章深入分析他認為事業經營所需的「**十力**」，他以實

際經驗、輕鬆的筆法，解釋了一些著名的管理理論，讀來不覺得八股，更容易吸收。關於「定位力」，是行銷學 4P 理論中的第一個 P，也就是產品定位，他的事業經營總是把自己定位為「高端產品」，別人不易模仿複製。

以上海迪士尼為例，儘管主辦方一直想壓低標價，但他堅持品質，最終仍然得標。他又舉了美國 Jet Blue Airways Corporation 的例子，廉航並不是殺價到顧客乘坐起來不舒服的程度，而是以顧客舒適為本，降低成本，創造出高貴而不貴的價值。

他也強調「當責力」，當責不僅是負責而已，而是要「**負起完全責任，並且交出成果**」，他總是對同仁說，越艱難的任務才能帶來越大的成就，要去做別人不能做也做不出來的作品，這樣才有「成就感」。

他又強調「夢想力」的重要，夢想的美麗藍圖是全員努力的目標，他舉廣東長隆集團為例，把一片別人不看好的荒地打造成為樂園，甚至說服銀行都入股參與。他又舉例美國內華達州沙漠中的 Las Vegas，不是僅有賭場而已，從荒野小鎮竟打造成人口超過百萬的娛樂產業中心。

他特別提到實踐夢想的歷程，有三個步驟：故事領航、集

體想像，及以故事文化為基礎的合作而達到「文化選擇」，他也提到「格局」的重要，他提出豪門公司策略規則三條主軸：文創智慧產權（Intellectual Property）、藝術建築、建材循環經濟（可回收再利用的建材）。

他特別舉例迪士尼的核心是「經營 IP」，透過擴張併購，壯大 IP 規模，越多的 IP 越產生「綜效」。2006 年併皮克斯，2012 年併盧卡斯影業，2017 年併二十世紀福斯，都是經典的經營 IP 路程。

總之，廷在兄以創意及藝術，替生硬冷冰的建築物賦予文化意涵，提升了人類的生活品質。在事業繁忙之際，還能將歷程記錄並結合管理理論撰寫成冊，實不容易，令人佩服。最難得的是讀來一點都不生澀，極為流暢，可以當作小說很快讀完，真是一本精彩的好書。

迎向想像力經濟的黃金年代

中國主題公園研究院院長、教授、博士研究生導師 **林煥傑博士**

　　本書是一本融合了實踐與人生哲理的敘事專著,是一本很特別的書,書中除了講述簡廷在先生的人生故事,也寫他幾十年的工作心得和理念。雖然書裡的內容主要是以主題樂園產業為核心,但是我相信,簡先生的人生哲理和營商智慧,對於各行各業的朋友都會有所啟發。

　　主題樂園不只是一個旅遊娛樂產業,而是集合「食衣住行育樂」各個產業資源的大平臺,擁有巨大的經濟價值,也塑造社會大眾文化內涵和價值觀。在這本書裡,簡先生所分享的案例和論述,都適用於每個行業,不管對企業高階主管或是其他的職務與位階的朋友,都相當有參考價值。

　　本書的主軸是「三意力」,講的是強化「創意力」、「公益力」和「生意力」,相信這也是我們每個人都在努力強化和增長的核心能力。更難能可貴的是,簡先生除了談「三意力」,還分享了他多年來在商海中經營的經驗和事業發展的軌跡,並將

其濃縮成「豪門十力」，再和商學世界裡的大師思想做連結，讀者讀完這本書之後，能夠明白世界最經典的商學理論。

書裡也把簡先生的想法和行動，與全球知名企業領袖做比較，這些知名企業家都是當今世界上備受尊崇的菁英，這更看得出簡先生的格局與高度，也是他投入主題樂園事業這三十多年來的前進方向，更是我和中國主題樂園業界同仁一直都在努力的。

我們中國主題公園研究院，作為中國專業的主題公園研究機構，長年致力於研究全球主題公園產業最新的資訊與知識，把世界行業的成功經驗帶進中國，更把中國文化元素的主題公園帶向全世界，這本書給了我們很大的啟迪。

如同書中所說的，主題樂園是很典型的「三意事業」，一直在每個社會裡整合「創意、公益、生意」等三種資源。以創意來加值土地價值，並提供更多工作機會，一旦這樣的理想實現之後，就會是毫無爭議的好生意。

主題樂園的雛形表現為以射擊、狩獵、競技等為主要項目的遊樂園。繼遊樂園後，在十七世紀初，歐洲興起了以綠地、廣場、花園與設施組合再配以背景音樂、表演和展覽活動的娛樂花園。

　　1952 年問世的荷蘭艾夫特琳樂園，是主題樂園最早的原型；1955 年 7 月，華特迪士尼在美國加利福尼亞州開啟了第一座迪士尼樂園，這也是世界上第一座現代化大型主題樂園。樂園把迪士尼卡通、電影的角色和場景結合科技呈現，再把這些主題融入到各項遊樂設施和節目中，為遊客帶來前所未有的體驗，風靡了美國和全世界一直到今天。

　　雖然全球主題樂園歷經六十多年的發展，但是我認為，主題樂園產業的黃金年代其實才剛剛開始，特別是中國主題樂園的質與量都在不斷的進步。

　　到目前為止，中國主題樂園已經歷了四個代際轉換，從以自然資源作為依託的第一代主題樂園，以各種模擬、微縮類型的第二代主題樂園，以都市娛樂為特徵的第三代主題樂園，到以占地面積大、影像逼真、景點多、內容豐富的第四代主題樂園，中國主題樂園一直在催生我們自有的 IP，相信這些 IP 在不久的將來，很有機會變成下一隻米老鼠，這些可能性今天已經可以看到一些端倪。

　　中國主題樂園經過三十年的發展，其建設和經營已經上軌道，內容和體驗都兼具文化性與科技的優勢，帶動了以文化自信來引領推動相關業務，像文化旅遊、文化餐飲、文化商品等，

　　「文化」已經成了發展主題樂園的關鍵詞。大大小小的主題樂園要能長期受遊客青睞，就必須善於結合與運用文化元素，因為這是我們面對全世界競爭時最獨特的優勢。

　　我們相信在簡先生的努力下，世界上會打造出越來越多頂尖的主題樂園，他所建造的主題景點雕塑，是永不凋零的藝術品，也是我們這個時代留給後世的無價之寶。我作為第一位拜讀本書的讀者甚為欣慰，是為序。

如千川注入江河

中傳財富董事長 溫偉文

「我創辦的公司叫豪門，我出身於寒門，我的原生家庭其實是窮到沒有門的。」出身臺灣偏鄉貧困家庭的簡廷在，每次演講總愛用這樣的開場白。

回顧簡大哥這場三十餘年，從「寒門」到「豪門」的漫長時光之旅，我再三問自己：關於簡廷在，我能說什麼呢？我該如何去說呢？

恍然間，臺灣花蓮海洋公園、香港海洋公園、澳門威尼斯人酒店、新加坡環球影城、珠海長隆海洋公園，一幢幢享譽世界、美輪美奐的建築群浮現於眼前。全世界有六座狄士尼樂園，竟有一半的藝術工程出自簡大哥之手，這不是夢，而是靠雙手雕塑出的人生。

認識簡大哥十餘年，他始終不斷修煉自我，勤奮工作、勇於探索，用創意、藝術和文化裝點每一塊平凡無奇的土地，帶動整個區域的發展，創造出一個個傳奇。

　　近年來，享譽全球的簡大哥植根於珠海，身為珠海臺商會常務副會長兼金灣區高南分會會長的他，懷揣赤子之心投身於社會福利、熱心公益事業，以自己的切身經歷鼓勵年輕一代用勤勞的雙手改變命運，並以實際行動支持每一個值得尊重的夢想。他堅定推動兩岸合作共榮，在經貿、文化、教育等領域，為社會各界開啟了一扇門，為粵港澳大灣區貢獻自己的力量。

　　本書詳盡描述了簡大哥的成長經歷、工作經驗與心得體會，以「三意十力」為線索娓娓道來，將一生的奮鬥過程彙聚到一本書中，供更多人欣賞其成功之道，也供有共鳴的讀者借鑒和仿效。

　　就如阿根廷作家博爾赫斯所說：「一本書不過是萬物中的一物，是存在於這個與之毫不相干的世上的所有書籍中平平常常的一冊，直至找到了它的讀者，找到那個能領悟其象徵意義的人。於是便產生了那種被稱為美的奇特的激情，這是心理學和修辭學都無法破譯的那種美麗的神祕。」玫瑰是沒有理由的，但願你就是本書等待的讀者。

「廷」心對藝術雕塑的奮發
「在」意對美感成果的欣慰

前高雄地方法院主科 黃福生

本書所說三意「創意、公益、生意」及下列所謂十力，若以筆者之淺見，似可簡化為三意三力，即創意、增益意、樂趣意，而下列之十力可簡化為「恆勤力」、「堅毅力」、「永續力」，這可使讀者加深印象及記憶。

但簡董原著之三意十力，也許認為較合乎時代經營理念，足見頗具有新的所謂智慧經濟亦值欽佩，簡董天資聰慧目色巧、無師自通、刻苦耐操，可謂白手成家，經常發表新作品，堪稱現今國際上雕塑界頂尖人物之一，發光發亮名聞海內外為臺商爭光，藉此再次按讚！

本書十力是指：

（一）定位力：定位定天下。

（二）恆勤力：勤能使泥沙變黃金。

（三）勞智力：勞力與腦力並用。

（四）當責力：責任與工作的原動力。

（五）恆毅力：毅力是成功之母。

（六）創新力：不斷的創新與革新。

（七）夢想力：有夢最美，勇於追求。

（八）團結力：團隊的魅力，團結無所不能。

（九）永續力：建立良好制度，永續經營。

（十）格局力：與高端市場為伍。

　　在人生奮鬥旅程中，世界上有兩句最可貴最貼切的名言，一句叫「認真」，一句叫「堅持」。因為認真的人可瞭解過去失敗的原因，「開發潛在智慧」而後必能有收穫。堅持的人可隨機激勵企業者競爭力，最後才能成為人人欽佩的企業家。並始能與迪士尼精神同行，創造奇幻城堡留傳成悠久的歷史古蹟，供觀賞者拍照留存，而達永續經營之願景。

　　觀諸世界之名著，均與人類史載有同一歸趨之可貴，長久儲存。這是多少人夢寐以求，簡董事長在長年努力結果有了這樣的成就，也印證了他認真和堅持之毅力。

　　一提到迪士尼城堡之建造，正如其妻郭淑華讚言：「站在世

界的頂端盡時代巨人。」因余與簡董因緣相識已數十年之久，諸今正如《史記》所云：「一生一世乃見真情，一富一貧真情仍見。」使余感念難忘矣。

　　友情如金，貴在真心，縱然不常見，總在殷切思念，其妻賢慧不辭勞養育子女外，現仍在幼校兼課教導珠算，誠值嘉許，使簡董全力為事業奮發，無後顧之憂，誠值祝福。

　　簡董出生於嘉義大林草地囝，事親至孝，兄弟四人他排行老么，家境貧困自幼過著撿地瓜、撿稻穗、拾荒童年的生活，而後隨家族遷居臺南永康，退役後才開始創業販賣匾額起家，開設浮雕藝品公司。至1992年鼓起勇氣赴中國大陸深圳設廠，專門生產浮雕產品再遷至珠海擴展。

　　余在司法界服務三十多年退休後，簡董好意邀任公司管理處處長，所以他的家人及員工習慣以「處長」稱呼，並在任職三年都視同為家人益加親切。

　　後來因我通勤不便而離職返回高雄，在法律事務所擔任行政管理事務，由於身體受傷，不得不離職在家休養，但簡董一返臺灣仍經常囑長子合翊及媳婦咪咪送來營養補給品，其恩情迄今仍惦念在心，甚至過年還送來紅包，讓我感動難以言喻。

　　簡董由於人緣甚佳，與珠港澳臺商交往甚密，公共關係良

好且頗具領導力，思路敏捷，所以被推選為會長，並在海內外繼續不斷建造無數座文化科技創意主題工程，共有 15 座之多。

簡董長子合翊與佳筠「咪咪」結為良緣，余與當時曾任高雄市長蘇南成及行政院顧問林富男均參加其喜宴，如今已生育四女，乖巧可愛聰慧。長女簡汝羚及次子簡合偉均出國留學充實學識，將來均必成大器，傳承簡家事業，故余盼望多加獎勵，在簡董一生奮鬥中，總經理張美惠扶持他，待人處事精明能幹、同甘共苦，始有如今成就，全家大小其樂融融，可說確有龍天善神之庇佑，佛菩薩之護蔭「常樂柔積，慈悲滿人間」又有阿彌陀佛加持，子孫滿堂。

邁近簡董在擔任兩岸發展亞洲臺商聯合總會會長深耕努力，搭建兩岸經濟交流，帶動產業發展交流，並榮獲「華綸獎」之頒發誠屬殊榮。

在迪士尼文化創意城堡工程進行中，動員數千名優異技師，其過程均出自簡董一手設計、規劃、施工動員，尺寸絲毫無差，誠神乎其技矣。該工程於 2016 年 6 月正式開幕，吸引成千上萬的人潮，一夕爆紅，名聞國際，經常接受媒體訪談，可謂從「寒門」變為「豪門」，使簡家老小與有榮焉，可喜可賀！其業績蒸蒸日上，永續成長，這是他一生奮鬥心血的結晶。

　　余記得在公司擔任管理處長時，他曾帶余到大陸北京及珠海總公司參觀，發現其新建之辦公室大樓，外觀之宏偉似皇宮城堡的藝術建築，故經常邀請家鄉政界名人及親友前往相聚，人人均深加欽佩讚許。確從寒門至豪門，同步成就「創意、公益、生意」的精彩人生旅程。

　　此外簡董任臺商理事長時，每次返臺參加聯誼會時，其口才辯給，建言甚多，頗獲各級長官讚佩重視及採行，余特此再次誇獎，相信其企業必然迅速達到所謂與迪士尼同行之目標。可堪稱雕塑界典範，余認為人要口中有德、目中有人、心中有愛、行中有善，是得人緣要則。

　　先賢曾云：「人生有四然：來是偶然、去是必然、盡其當然、順其自然。」一個真心行萬里，慈悲兩字勝千言，簡董承宗接代，現有三男二女，長子合翊、次男合緯、參男合鑫，長女汝羚、次女莉真均具有先天才藝，尤其長子合翊自行設計另在臺南建有「豪門御墅」四棟（地點在臺南安平區育平九街札哈木公園前）這也是歸功簡董之教導，此可謂簡董一生積善積德之福報，盼望對後輩多加獎勵栽培。

　　迪士尼創辦人華特迪士尼曾說，迪士尼的使命，只要世界上還有想像力存在，迪士尼樂園就會存在一天，這是企業核心

價值，進而形塑了企業各項制度，所以簡董即本此理念不斷奮鬥其目標必可同行實現，願您珍惜眼前的良機把握當下，則其成功在望，俗云：「行行出狀元。」與您共勉之！

推薦序

不斷自我挑戰的拚搏精神

《今週刊》總主筆兼採訪主任 許秀惠

　　跟簡董事長的緣分，要從某天讀報看到一篇小文說起，報導提及上海即將開設的迪士尼樂園裡最重要的城堡，是來自臺灣的豪門國際企業所打造。當時很好奇，迪士尼品管規範那麼嚴格，一定是有相當實力的公司才能承造，而這麼一家公司居然來自臺灣，直覺可能是一家隱形冠軍。

　　那一年過年前後，我連絡上簡董事長，開始帶著採訪團隊，從簡董事長的發跡地臺南開始，接著逐一探訪他所承攬的澳門、珠海當地的遊樂園，到他位於珠海的事業基地與工廠，進而開拔進到當時尚未開幕的上海迪士尼。隨著簡董事長的分享，有機會瞭解他一步一腳印的創業歷程，我發現與每一個白手起家的企業家一樣，簡董事長的故事也充滿了創業者不可少的艱辛、拚搏、堅持與機遇。

　　我記得跟簡董事長在他位於臺南的起家厝進行訪談時，他曾談起年少生活的困頓，住的是竹竿搭的柱子、牛屎塗牆的房

子，一家人總處於隨時會被趕出來的不安中，也正因為如此，他自小立志要打拚。

為了改善家計，他當兵時就開始幫工藝行做匾額獎盃，也曾開著車全臺四處兜售工藝品，後來有機會轉做大型景觀雕塑，才慢慢轉進到建築雕塑這一行，淬鍊出日後的事業雛形。日後，他為公司取名為「豪門國際企業」，相信也是源自於力爭上游、志在出人頭地的自我期許。

如今許多國際主題樂園，都是豪門的客戶。澳門威尼斯酒店內知名的運河貢都拉，優美的造景來自豪門；珠海知名的長隆海洋王國主題樂園，豪門也包辦許多重要的造景；香港、加州、上海的迪士尼，新加坡的環球影城等，也都有豪門的雕塑工藝呈現其中。

一般人可能不知道，這些雕塑與造景建造時講究美感、堅固與耐用性，組裝又必須精確分毫不差，其中涵蓋對建築結構、雕塑負重、規劃設計、材質等元素的綜合掌握，豪門能夠站穩業界，靠的就是把雕塑完美結合建築的本事，所以當有客戶說簡董事長業務力高強時，技術其實更是他的隱藏版實力。

簡董事長用拚搏的精神，掙脫現實的限制、挑戰自我，從一個設計匾額、造型獎盃的地方小生意人，變成為一個走出臺

灣，去跟國際一流企業做生意的國際人。這樣一個沒有背景靠山、白手起家闖出一番事業的奮鬥故事，無疑是十分勵志。

如今，簡董事長把自己奮鬥的故事濃縮成書，書中還有他累積多年的經營心得與智慧，相信想向成功者學習的人，透過閱讀此書，一定能有所啟發與收穫。

奮發與騰飛

中國旅遊投資行業觀察家、中國旅遊奧斯卡艾蒂亞機構創始人 **王琪**

　　在和平年代，一個人從社會最底層做起，依靠自己的不斷進修能達到最高階級，這樣的神話故事，在過去幾十年間我們聽說過不少。

　　以我熟悉的大陸旅遊投資行業論，長隆的蘇志剛、宋城的黃巧靈、橫店的徐文榮等創業者都是從社會最底層起步，依靠自己的聰明才智和長期堅持，最終成為行業領袖級企業的創始人和行業領袖，而來自臺灣嘉義鄉村的簡廷在先生，就是他們中的一位傑出代表。

　　當然，也不可無視時代的造化。從上個世紀的八〇年代到今天，整整四十年的時間，世界科技的進步和社會的巨變，改變了我們人類的生活。大時代也同樣改變了許多人的命運，才有了更多的可能來創造人間奇蹟。

　　我和簡廷在先生相識於 2016 年度的艾蒂亞獎評選，作為迪士尼的合作夥伴，簡廷在以寒門之身創辦的豪門公司，一舉

榮獲了中國旅遊奧斯卡艾蒂亞獎的最佳旅遊投資服務機構獎金獎。次年 3 月，簡廷在先生在春寒料峭的江南烏鎮參加了那屆最令人激動的頒獎盛典，手握金杯站在烏篷船的船頭，向烏鎮西柵景區裡的遊人們揮手致意，簡廷在先生儒雅和端莊的風度，在那一刻光芒四射。

托爾斯泰說過，幸福的家庭都是一樣的，但不幸的家庭卻各有各的不幸。托翁的偉大在於洞悉了世界的萬物的本質，不只是對家庭而言，在人們的事業裡，成功和幸福的獲得也是一樣的，當然我們旅遊投資行業也不例外。

我創辦的艾蒂亞與簡廷在先生創辦的豪門，其內在的成功邏輯毫無差別，這和蘇志剛、黃巧靈、徐文榮等企業家在長達近 40 年的創業路上，最終能達到本行業的最頂端一樣，其艱辛和毅力、用心和創造力、想像力非常人可比，不足為外人道也。

然，簡廷在先生在 2020 年大疫期間，將其畢生之學、之悟、之大成，洋洋灑灑以三種境界的融合、十種心法的總結告知後世之人和有心之人，其心天地可鑒，善莫大焉！

是為序。

推薦序

格局的力量

資深媒體人 趙家麟

　　儒家經典《禮記‧大學》有云：「苟日新，日日新，又日新。」這是商朝開國君王商湯的座右銘，強調人要積極進取、培養成長型思維並終身學習，成就人生、事業、國家的發展格局。我所認識的簡廷在，就是身體力行這句座右銘的企業家。

　　我與簡廷在結識於 2016 年 0206 臺南大地震的採訪過程中。當時，身兼珠海臺商協會常務副會長身分的簡廷在返鄉過年，親身遭逢強震，仍立即連繫、動員募資救災，從災區慰問到後續提議捐助組合屋等，從民胞物與的關懷熱忱，到積極救災的行動力，都留下深刻印象。

　　還記得首次連繫訪問簡廷在，我們為了議題時效，相互協調的結果，最後安排在跨日的凌晨見面。沒想到兩人在忙碌整日後的夜訪，仍能精神奕奕、侃侃而談。簡廷在的敬業、熱情與執著，深究問題關鍵與尋找解決對策的精神，我亦深受感染。

　　本書內容有簡廷在個人的奮鬥歷程，有他對事業發展的經

營理念，也有他對未來想像力產業的願景。從白手起家到成為迪士尼首選合作夥伴，站上世界高點，「創意、公益、生意」以及「豪門十力」，不但是豪門企業發展的梁柱骨幹，更是經過無數淬鍊累積的無形精神資產。

全書將豪門企業具體而微的經驗與歷練，與古今管理、商學、哲學等大師的理論相互對應，無論是勇於挑戰與作夢，從危機中重新站起，比客戶要求更高的打掉重做，乃至於與高端市場為伍的進取精神，無論是砥礪人生、企業發展、商業經營，都非常值得從此書中琢磨借鏡。

全球主題樂園的發展，隨著科技、人文、生態等新思維，正邁向全新的階段，可以說，只要有夢想，就有無限的可能性。我想從全書章節的脈絡中，歸結四項簡廷在與豪門企業的優質企業文化，不但將「豪門十力」化於無形，更可能是推動未來想像力產業的核心力量：

第一，秉持臺灣水牛精神

肯吃苦耐勞、任勞任怨，克服逆境，迎向挑戰。臺灣俗諺裡也有「吃苦當成吃補」、「甘願做牛，免驚無犁可拖！」有臺灣水牛精神，就有「堅毅力」、「恆勤力」、「永續力」。

第二，擁有工程師的理性、藝術家的浪漫、詩人的敏銳度

　　以知識、專業、紀律為基底，努力讓作品傳達出詩的語彙、展現藝術價值，就能有源源不絕的「創新力」，以及勇於追求與作夢的「夢想力」。

第三，隨時抱持「搭橋比築牆好」的正向能量

　　以鼓勵代替責難、溝通代替對抗、包容代替苛求，運用智慧、賦予責任、換位思考、樂觀進取，就能注入「當責力」與「勞智力」。

第四，尋求和諧社會並帶給人群快樂

　　把企業目標高度定位在實現自我、服務人群、共存共榮、協力邁向更美好的社會，憑藉「定位力」、「格局力」、「團結力」走向世界，所到之處必然受到歡迎。

　　《周易》說：「天行健，君子以自強不息。」簡廷在從「寒門」到「豪門」，從白手起家搭鐵皮屋叫賣匾額，到成為迪士尼的合作夥伴，在敬佩簡廷在與豪門企業的成就同時，希望能繼續發揮抱持正能量的臺灣水牛精神，理性與感性兼備，團結更多人的智慧與創意，帶給人群歡樂與幸福，在世界的舞臺上，成就一番真正能代表這個時代的想像力典範產業。

平凡的不凡

皇家汽車旅館董事長 **曾伯豐**

　　很高興能為簡董事長這本書寫序,過去三十多年來,我們曾經多次合作,兩人是好夥伴也是好朋友。

　　1992 年,我邀他到深圳幫忙蓋保齡球館,他也從此進入大陸市場,事業越做越大,很高興因為這樣的機緣讓他有了今天的成就。

　　事隔這麼多年,他出書時竟然還找我寫序,除了感動於他的不忘本,也讓我想起多年前我們一起走過的點點滴滴。

　　1990 年,我準備創辦「皇家花園汽車旅館」,想要為臺南打造一座地標建築,於是請簡董事長來幫忙。我發現,他總是設身處地的站在客戶立場思考,想像客戶有什麼需要,並且全力滿足客戶。

　　比如,他的專業雖然是施工,但是卻會主動免費幫客戶畫設計圖,讓我提供更低的成本,卻有更高品質的產品與服務。而且他認真的向我說,要打造一座讓我一生都感到驕傲光榮的

作品。

今天，我們三十年前合作的「皇家花園汽車旅館」，看來歷久彌新，也一直是臺南人的驕傲和城市景觀亮點。這也完全實踐了他在書裡一直強調的「三意精神」，用藝術的創意為社會留下永不凋零的文化資產，為世世代代的後人帶來生生不息的生意。這樣的公益和一般所知道的慈善捐贈，在意義上更是大大不同。

這一次的合作之後，我們就成了好朋友，只要有新案子要做，我第一個就會想到他，也一路看著他事業很成功的發展，特別是這幾年，更是常常在電視上看到他接受訪問，暢談與迪士尼這些全球大企業的合作經驗。

簡董事長一直很務實努力，從三十年前我們第一次合作到今天，他一直兢兢業業，親力親為，對每個小細節更是一絲不苟。我想，他之所以能有今天這樣不凡的成績，其實是長時間在每件看來平凡的事物上認真用心。這樣日積月累，於是用平凡造就了不凡。

理想與幻想的交匯

珠海市臺商投資企業協會會長、珠海地球工業有限公司董事長 葉飛呈

個人或企業的成功，往往需要傳奇來激盪。

豪門國際開發股份有限公司簡廷在董事長的成功，就是一系列的傳奇故事。

從寒門走向豪門，是一段艱辛、坎坷、蕭瑟、孤寂的道路，而且危機四伏，但他破除萬難，創造了一個無與匹敵的「豪門」王國，這是第一個傳奇。

從雕刻跨足建築業，再引進 GRC 建材，再過渡到難度和附加價值更高的「主題樂園」產業，這個蛻變和轉型，是經過無數次的猶豫、掙扎、煎熬，憑藉著「自信」和「勇氣」，才能破繭而出；薈萃了幾乎超越人類想像力所能的創作，讓《一千零一夜》的夢幻成真，這是第二個傳奇。

從嘉義大林這個偏鄉到臺南永康創業，再從永康出發，前進花蓮創建「臺灣花蓮海洋公園」，才華初現，展露頭角；毅然西進大陸，落腳深圳然後珠海，在大陸大放異彩，建造了上

海「迪士尼樂園」。

隨後挺進國際，建造了澳門「威尼斯人」的堡壘，登上了國際舞臺，為臺灣發聲，榮耀了臺灣。這必須面對無數的艱險和來自各方的橫逆與衝擊，要有「膽識」和「智慧」，才能看見與眾不同的風景，這是第三個傳奇。

簡廷在董事長是企業家也是個藝術家，他把企業的治理藝術化，又把藝術的作品企業化，這樣的交織與合流更是艱難無比，展現了驚人的耐力與自我意志的鍛鍊，這是第四個傳奇。

大凡看一本書，在閱讀正文之前，要先看序文，因為「序」點出本書的重點和作者的思路與想表達的意涵，是本書的價值。其次看目錄，目錄是全書的脈絡，也說明內文的鋪陳。讀完本文，再看後記，「後記」（跋或結語）是全書的綜結與評價，是本書的啟發，以上是一本書的基本架構。

這本著作架構嚴謹，內容豐富，邏輯與系統清晰而明確，是一本充滿智慧的書。內容包涵晶瑩的智慧，不只是從反覆的學習和研究得來，更是從經營的體驗得來。本書的體裁不僅是「敘述文」，講述簡董創業奮鬥的艱辛歷程，沒有華麗不實的詞藻，敘事細膩而流暢，筆鋒流利。

從另一角度看，更像「論說文」，書中舉出許多專家學者

的各式理論；從而顯現簡董的經營，是先有理論作基礎，然後經過實踐、驗證、反思、再出發的途徑，讓理論與實務相結合。

篇章的安排更是嚴謹而講究，在分析「十力」的部分，每一章的篇首先以古今中外先聖先賢的雋言作伏筆，再導入正題，相互輝映，精闢有力。

文中引述美國當代系統科學家彼得 ‧ 聖吉（Peter M. Senge）《第五項修練》（The Fifth Discipline：The Art and Practice of The Learning Organization）討論的五項結論：

一、Systems Thinking（系統思考）

二、Personal Mastery（自我超越）

三、Improving Mental Models（改善心智模式）

四、Building Shared Vision（建立共同願景）

五、Team Learing（團隊學習）

真是點睛之筆，按這五項結論是企業的必修課，說明了只有「學習型的組織，才能永續發展」，深具說服力。因此，筆者的看法，本書應定位為「個案研究」（Case Study）論文，當能引讀者入勝；對於企業的轉型或升級，都是最佳的典範案例。

法國大文豪維克多 ‧ 雨果（Victor Marie Hugo），於 1861 年 11 月 25 日寫信給隨英法聯軍侵略中國的一名法國上尉巴特

勒（Captain Butler），譴責英法聯軍劫掠圓明園，信中有一句名言：「……藝術有兩種原則：一種是理想，產生了歐洲藝術，另一種是幻想，產生了東方藝術。如同巴特農神廟是理想藝術的代表，圓明園是幻想藝術的代表……」（……Art has two principles, the Idea, which produces European art, and the Chimera, which produces oriental art. The Summer Palace was to chimerical art what the Parthenon is to ideal art.……）筆者認為，這段話更能闡述本書的意境。

作者在書中不只一次以垂直、水平兩條軸線來分析事理，例如：「心法」和「方法」、「科技工藝」和「藝術文化」等，確有獨到之處。筆者也嘗試以兩條軸線，進一步探訪本書堂奧，茲以「理想」（Idea）為縱軸，以「幻想」（Chimera）為橫軸加以論述。

「幻想」會帶來創意，正是本書所說的「三意」也就是「創意、公益、生意」；「幻想」促動了簡董的創意，讓企業轉型，象徵著藝術心靈的表現。「理想」則帶來實踐和力行的勇氣與恆心，「十力」正是最佳的寫照；其意涵完全孕育在「實踐」和「力行」的境界裡，象徵著企業的經營與發展。

當「理想」和「幻想」兩條軸線離奇的結合在一起，做了

時空交匯的剎那，也正是「藝術」和「企業」巨烈的碰撞，迸出了火花，終於創造了上海「迪士尼樂園」和澳門「威尼斯人城堡」等享譽國際的鉅作，也使得他的人生更見光華，人類文明更顯璀燦。瞭解了上述的意義，才能認識這本書所蘊藏的價值，也發人深省。

　　身為一個卓越的領導人，必須有許多特質，簡董完全具備這些特質。而最大的特質可能與他的藝術天分有關，就是「豪氣」，這從他說一言一行得到證明，茲舉數例於下：

——天下沒有學不會的事，我本來什麼都不懂，所有的能力都是學來的，只要堅定信心和耐心的去學。

——要以臺灣水牛的堅毅精神，迎向各種機遇、挑戰和轉機。

——工程雖然結束了，但是我們的人生正要開始。

——只要堅持初心往前多走一步，就能看到更美好的風景。

——現在是創意和感性的時代。

——即使是地獄也要去走一趟，這是一個難得的機會。

——不只要超越迪士尼，更要打造全世界最好的主題樂園。

——立足澳門、跨入亞洲、走向世界。

——我的理想是，留下代表我們這個時代的經典建築給後世，試想千百年之後，未來的人們會看到我們這個時代留下那些

「大地雕塑」。

——兩岸關係「搭橋比築牆重要」，不能永遠陷在政治的紛擾中。

　　真是豪情壯語，而且蘊含許多哲理，足以震撼人心。他的成功絕非僥倖，而是憑著堅韌的毅力，千錘百鍊出來的成果。宋朝司馬光曾云：「雲夢之竹，天下之勁也，然而不矯揉，不羽括，則不能以入堅；棠溪之金，天下之利也，然而不熔範，不砥礪，則不能以擊強。」經過「矯揉、羽括、熔範、砥礪」的簡董，已是「雲夢之竹」、「棠溪之金」，令人欽敬。

　　綜上觀之，覽本書，好像泛舟在四條「傳奇」大川匯流之處，經過一重一重的層巒疊嶂激湍奔濤，以及滔天巨浪的驚魂之後，但見波瀾壯闊的汪洋大海，從而增長智慧。

　　廷在兄與筆者約同一時期在珠海創業，我們都秉持「正派經營」的相同理念，惺惺相惜，不嫌筆者虛長，結為好友，情同手足。我們常在一起討論研究企業發展，他常有獨到的見解和驚人之語，從而讓筆者洞見他的豪情壯志，且目睹他的事業成長茁壯，於心甚慰。

　　廷在兄重情重義，有事相託，無不應允，而且必竟所託。筆者擔任珠海臺商協會會長，他擔任常務副會長，協助筆者處

理會務，不眠不休。本會舉辦各項重大活動，則無役不與，凡臺灣各級長官、貴賓以及筆者國立臺北大學師長、校友來訪，筆者分身乏術，常由廷在兄代為安排接待，鉅細靡遺，作到賓至如歸。

包括海基會故江丙坤董事長（生前）應筆者之邀來訪，廷在兄亦參與了接待。在服務臺商事務方面，亦不落人後，總是盡心盡力，口碑載道。2018 年 9 月強烈颱風「山竹」橫掃珠三角地區，珠海嚴重受襲，各行各業及居民損失慘重，筆者與廷在兄暫時放下自身企業水患的整頓，全力幫助臺商企業復建復工，他的熱誠著實令筆者與臺商感念無已。

廷在兄為人敦厚、謙虛、熱誠、豪爽，他的夫人郭淑華女士聰慧賢淑，勤儉持家，是廷在兄的最佳幫手和後盾。夫妻恩愛，鰜鰈情深，育有三子二女，均受良好的教育。長公子已婚育四女，三代同堂，父慈子孝，一門和樂，是幸福的家庭。

欣逢好友鉅著問世，喜不自勝，特表恭賀之忱。茲奉簡董事長之囑，略撰數語，一以分享心得，次以表達由衷的敬佩之意，並鄭重推薦。是為序。

祝願更上一層樓

中國機電產品進出口商會臺北辦事處主任 **湯軍**

　　西方有句名言：「音樂是流動的建築，建築是凝固的音樂。」說明了建築與藝術的密切關係。藝術源於生活而高於生活。社會生活中藝術表現無處不在，但要把藝術展現好，給人以藝術的享受、藝術的導引、藝術的昇華，則絕非易事。

　　簡廷在先生在藝術建築領域成就卓著，在臺灣開始創業，在大陸地區奮鬥多年，與美國迪士尼有成功的合作，在迪士尼樂園有藝術建築的良好展示。在澳門的著名國際酒店建設的宏大藝術建築令人印象深刻，成為永久的藝術標籤。諸多藝術建築的成功案例，都成為簡先生建築成就的著名藝術名片。

　　簡先生告訴我，他從事的是一個冷門行業，這點我很贊同。在全球化大背景下的當今世界，各種經濟活動非常活躍，同時充滿了激烈競爭。凡是有錢賺的行業，大家都趨之若鶩，但藝術建築則有其特殊性，沒有相當的造詣是不可能勝任的。

　　首先從業者要有良好的藝術修養，沒有深厚的藝術積澱，

如何成就藝術建築？藝術品味、藝術格調不高，就失去了成功的基礎，這一點好理解。同時，從業者要懂建築，必須是建築行業的行家。

再者，要能夠把藝術與建築很好的加以融合才可能獲得成功，也就是如何把美好藝術構想透過科學的建築施工使藝術形象得以良好的展現，建成落地。而簡先生恰恰把以上幾方面都較完美的做到了，所以他取得了成功，獲取了豐碩的成就。這個行業真正的勝任者少，理所當然是「冷門」。

特別說明一下，藝術建築都是比較難的建築工程，有其許多特殊的建造之處。就其建築材料來講，較之普通的建築材料複雜得多，種類繁雜，材質各異，建設施工難度相當大，建築安全性也很特殊，且工程建成後的耐久性更是一項嚴峻考驗。簡先生帶領的團隊以科學嚴謹的專業精神，經過多年的不懈探索磨礪，克服各種困難，終於取得了驕人的成就。謹向他表示誠摯的祝賀！

祝願簡廷在先生在藝術建築領域取得更加輝煌的成就。

空中生妙有的智慧

佛光山慧屏法師

　　因緣際會下，結識了簡廷在董事長，於接待導覽的過程中，被他誠懇、謙和又認真的人格特質所吸引，談得很投緣，覺得是位值得深交的好朋友。

　　這次搶先拜讀簡董大作，書中將其數十年的寶貴經驗，整理歸納為「三意與十力」，佐以多位管理大家的理論、名言，相互印證！並無私地與大眾分享，實屬珍貴。

　　但就我看來，能造就豪門國際現今的輝煌成果，簡董的思維及人格特質，絕對是其中非常重要的一環因緣，那就是以人為本的心，以及創造並傳承文化、藝術的那份使命感。所謂「心量有多大，世界就有多大」，簡董的心胸與眼界，著實開闊而不凡。

　　在廣為流傳的《金剛經》中有一句話：「見諸相非相，即見如來。」其所要表達的是希望大家明白，世間萬物皆具「空性」的特質──因緣聚合而存在，緣滅後終歸消散，時刻在變

化中，無法永久存在，但是若我們勤奮努力，聚合因緣，也能「空中生妙有」，創造出各種讓人驚嘆的存在。

若能懂得這個道理，等同透徹的認識了世間的真實樣貌，如同見到佛陀的法身。我認為建築業者應該在其工作經驗中，最能領略體會箇中味道。

但我想說的是，我們是否也能「見諸相非相」，用心感受出簡董與團隊共同創造出來的「建築物」，從來都「不只是建築物」，而是簡董與豪門團隊，關懷大眾，為生命負責任，為時代留下文化藝術經典印記的核心精神！透過各類建材的結合，具體的呈現給世人去感受領略罷了！

或許在未來無止盡的時空長河中，這些建築物會有變化或消失的可能，但是只要「豪門」的核心精神能傳承下去，建物的保存就更能延續，即使毀壞了，因緣際會時，又將由這群繼承「豪門理念」的團隊，用更嶄新的方法，再創巔峰，承載價值。

期待各位讀者，能透過這本好書內的經驗談，找到解決當前困境的力量，甚至喚醒對周遭時空的關懷，找到自我價值的定位。也感謝邀約寫序的因緣，希望這場豪門與佛門的相遇，能夠成就更多善緣好運，讓入世實踐的企業團隊，與出世思想

的宗教信仰，能共同為這個世界留下更多善美。

如詩偈所云：「願將佛手雙垂下，撫得人心一樣平。」更落實家師星雲大師所說「問我平生何所求，平安幸福照五洲」的理想。

是為序。

楷模會員且與行業共成長

GRC 協會祕書長 崔琪

　　人生如夢，在拜讀了簡廷在先生的書稿後感慨萬千。三十多年的創業與發展經歷，彷彿在轉瞬之間告一段落了，但不平凡的過程與內心世界，似乎讓人一時難以忘懷和平靜下來。

　　我不光要為此書寫序，更重要的是要藉此機會向行業同仁推薦此書。在生態、環保優先，綠色、可持續、高品質發展的今天與未來，GRC 企業發展的定位、創新、品牌、管理、文化等理念與行為，如何與時俱進，此書給出了答案。

　　與簡廷在先生相識既偶然也必然，簡廷在先生所生產的雕塑等產品用材以 GRC 為主，本人主管 GRC 行業，骨幹企業大多數均為 GRC 協會會員單位，簡廷在先生的珠海豪門成為會員順理成章。2005 年前後，澳門威尼斯酒店、賭場等工程大量採用 GRC，故此 2006 年的 GRC 協會年會放在珠海舉行，以便於技術交流與觀摩。

　　在籌備此次年會時初次瞭解的珠海豪門公司，認識了簡廷

在先生。相識 15 年有餘，見面機會說多不多、說少不少，每兩到三年，國內國際要召開 GRC 技術交流會議，我們之間的見面多出現在國內國際會議上，談論的話題自然而然停留在技術與工程上。簡廷在先生給我的總體感覺是很儒家、說話辦事認真有據。有時也流露出來對市場競爭、品質亂象的無奈與不適應，以至於對現狀的擔憂與未來發展信心的不確定。

客觀的講，在此之前我對珠海豪門公司的發展期階段的瞭解只停留在表面業績上，現在對簡廷在先生的珠海豪門公司為什麼在充分競爭行業中，能立足並樹立起品牌、贏到眾多海內外關注的主題樂園的機會與信任，有了些內涵上認知。

本書包含簡廷在先生的人生故事、哲理和內心世界，公益性的讓同仁分享他的成功經歷與經驗，他所說的正如他所做的一樣完美，就書中兩點共識再說上兩句：關於創意與定位力我非常讚賞，傳統材料要不斷創新改性才有生命力，材料要為綠色建築發展提供支撐。GRC 的發展潛力是特色、特質，方向是高端化，行業企業的命脈是品質與品牌。

另一點共鳴是公益與當責力，還回到 2006 年在珠海開 GRC 協會年會話題，當時珠海豪門公司基地已建好，無論歐式辦公大樓與廠房、裝備、模具、產品、檢測都很超前，對行業來說

很有示範意義。我試著跟簡廷在先生商量，能否邀請年會全體代表到珠海豪門公司考察學習，簡廷在先生當時毫不猶豫答應了。但是我心裡還是沒底，不知道屆時珠海豪門公司讓全體代表參觀能開放到什麼程度，事實是全體代表參觀後對珠海豪門公司給予了極高讚賞與滿意好評。

2006年年會對 GRC 行業來說是一個里程碑，此後幾年行業品牌意識逐漸提高、產品品質與製造技術不斷提升，這些變化的取得，離不開珠海豪門公司對行業所做的公益事業貢獻，充分顯示了豪門與 GRC 行業共同健康發展的責任與擔當。

簡廷在先生三十多年的創業、發展經歷與成就感伴隨，現在來說已經很有成就感了，但我相信簡廷在先生還有更大的成就感再追夢，也必將有新的成就感在時刻等待著他。

上個月末在珠海見面，除了讓我給此書寫序，還談到 GRC 行業與珠海豪門公司在新形勢下的資源整合、行業平臺、企業品牌等發展問題，並形成了一定共識。最後預祝簡廷在先生掌門下的珠海豪門公司，在騰飛期中飛得更高更遠。

目次

第一部　人生與事業

第二部　豪門三意十力

第一部

人生與事業

第一章
來時路：回首‧還鄉‧起點‧轉型

1. 回首

　　建築，是文化與意志的表徵，是時代興衰的記憶。

　　過去三十多年來，簡廷在從臺灣出發，在海內外打造了許多人共同的記憶。他以想像力和 GRC（Glassfibre Reinforced Concrete，高強纖維混凝土，還可衍生出 GMRC 耐候持久強化水泥仿石材和 GRG 等不燃防腐室內質材）為原料，為許多主題樂園和建築賦予矽沙石令人難忘的美感與特色。

　　全世界有六座迪士尼樂園，簡廷在參與了其中三座的打造工程，上海迪士尼的主城堡更是他最受矚目的里程碑作品。此外，臺灣花蓮海洋公園、香港海洋公園、澳門漁人碼頭、澳門

威尼斯人酒店、新加坡環球影城和珠海長隆海洋公園，都看得到他的心血結晶。

今天的簡廷在活躍於兩岸與國際華人商界，也是澳門臺商聯誼會的會長、珠海市臺商投資企業協會常務副會長和亞洲臺灣商會聯合總會副總會長，以及世界臺灣商會聯合總會理事。

「我創辦的公司叫豪門，我出身於寒門，我的原生家庭其實是窮到沒有門的，連寒門都稱不上。」出身臺灣偏鄉貧困家庭的他，每次演講總是用這樣的開場白。

回顧這一趟「從寒門到豪門」的漫長旅行，簡廷在不斷用創意來打造兼顧公益與生意的事業。除了有目共睹的商業成就，他整合各界人才，把種種天馬行空超凡神奇的創意，落實成能吸引成千上萬人潮的大地雕塑建築，把一塊塊素地點石成金，快速變成黃金地，增值千百倍。

這是近代文化科技迅猛發展孕育出「想像力經濟」，格局與價值甚至遠超過傳統的文創產業。他認為，未來二十年裡，將是中國想像力經濟的黃金年代，結合文化、科技和創意所打造的 IP 主題園區，除了娛樂休閒，更將提供康養生活等更高端的機能。

　　當全球持續關注人類未來生活發展與環境保育，各國都致力節能減碳的同時，簡廷在更專注在可回收建材的研發與使用，把各種廢料和餘料回收萃取當原料，以循環經濟思維來兼顧環保。

　　種種同步成就「創意、公益、生意」的事業與社會責任的人生，簡廷在所走過的，也像是一次精彩壯麗的「三意之旅」。

　　從那個 1960 年在農田裡玩泥巴、撿地瓜、撿稻穗、拾荒的小孩走到今天，簡廷在像是早早就在預演他未來的人生。他始終相信勤能補拙，只要肯用心用腦，再加上勤勞和努力，就能把不值錢的泥巴和砂變成黃金，以「恆勤力」、「堅毅力」及「永續力」創造好人生。

　　他就這樣從零開始，用雙手雕塑出改變人生的夢想，這些夢想甚至創造了歷史，也為許多人創造出更多的人生機會。他所打造的樂園和飯店，某種意義上都成了推動經濟的引擎，創造出吸引世界各地遊客的娛樂觀光地標亮點，也為地方創造經濟繁榮與稅收，帶來了更多的就業工作機會與收入。

2. 還鄉

　　五月臺南的豔陽天，和簡廷在走在善化的工廠裡邊聊著，也回首他過去的三十年。

　　這裡曾經荒廢了三十年，經過兩個星期的整理，除去野草清理房舍，一個工作空間又再度出現。他打算讓這裡重新運作，引入迪士尼工程帷幕技術，建構成建築科技工廠，把各種石頭廢料回收，轉化成高附加價值建材，發展循環經濟，有效改善傳統的建築工法，提供裝配式帷幕牆建築高效新技術的生產工廠。

　　1990 年，他的生意來到高峰，買了這塊地也蓋了廠房和辦公室，準備迎接下一波成長，那時辦公室才剛裝潢好，冷氣和家具都是全新的。但是因為主力客戶去了對岸，他也只能跟著客戶過去，於是放下這裡，把整個公司重心移到深圳。他的人生與事業從此展開了全新的境界，搭上新的平臺與載具，開始新的事業旅程。

　　從深圳出發，簡廷在的生意發展到全中國甚至海外。當時他怎麼也想不到，曾經在臺灣偏鄉做小浮雕生意的自己，會在

日後成了迪士尼的合作夥伴，並且參與迪士尼樂園創意雕塑工程，及威尼斯人、環球影城等國際知名創意雕塑造景工程。

他使用 GRC/GRMC 當原料，為建築物裝飾外觀，仿製木頭、石頭甚至大理石，質感都幾可亂真。GRC/GRMC 具有抗撞擊、抗壓、防火、防潮、輕量、抗老化、可塑性大及施工快速等優點，看似石頭並不是石頭，看似木頭也不是木頭，但是比石頭、木頭更堅固耐久，現在早已經是歐美先進國家主要的環保高效高級建材。

簡廷在從臺灣出發，用 GRC 為汽車旅館和大樓包裝，並提高附加價值，奇美博物館、衛武營國家藝術文化中心也都有他的作品。

經歷三十年的拚搏，也經歷了中國經濟成長最快速的三十年，回首過往，他對事業和人生有了新的理解和認知，也用這樣的理解和認知來展望未來。

「我的專業不只是讓建築物美觀，更是用藝術和文化創造價值。」簡廷在說，一塊平凡無奇的土地，可以注入文化、科技、創意和人文藝術的努力而倍加增值。

過去三十年來，他看到太多這樣的經驗，一片荒地上出現

了一座他所打造的主題樂園之後，周邊土地價格立刻成長千百倍，甚至帶動整個區域的發展。之所以能擁有這樣的增值，完全是因為創意和文化與藝術的力量。簡廷在說，到今天，這些產業力量仍然是臺灣的專業強項，一直受到許多大陸企業集團合作夥伴的重視。

「我們公司的核心能力，是以積累三、四十年的文化創意實務經驗來完美結合『創意』、『公益』和『生意』的能力，實踐『恆勤力』、『堅毅力』、『永續力』，用這『三意與三力』為客戶創造巨大商譽的價值。」簡廷在說，在大陸與海外市場走了這麼多年，看到自己的心血作品為許多人帶來快樂和好日子，創造了歡樂和經濟繁榮，那種感覺無比充實美好。

但是臺商在大陸的黃金歲月終究已經成為過去。簡廷在坦白說，打從 2010 年之後，西進對岸發展的臺商越來越少，大陸的資本和各項專業技術也已經相當成熟，甚至遠遠超過臺灣。面對這樣的未來，老、中、青不同世代的臺商都在思索，自己在大陸市場還有什麼樣的優勢？

「三十年前，臺商的優勢是資本和技術，結合大陸龐大的勞力打開全球市場。今天臺灣已經沒有資本和技術優勢，應

該發展我們在創意和人文的優勢，來結合大陸強大的資本和技術，共創共榮。」簡廷在說，兩岸的經濟應以跨產業資源整合共融合作為前提，以雙方的優勢來創造更大的市場。

這樣的合作，需要雙方的善意與智慧，在互信互利的基礎下，用創意來兼顧彼此在公益和市場的發展，這也將會是更大格局的「三意社會工程」。

從高中畢業之後就開始創業的簡廷在，三十多年的事業旅程走過幾個主要時期，從 1982 年的「創業期」到 1992 年「發展期」，再從 2002 年開始的「起飛期」與馬上要進入的「騰昇期」，儘管兩岸與國際的環境起伏，簡廷在永遠抱著希望往前走。放眼未來，他甚至早就看到更多的機會和可能。

「主題樂園產業的大浪潮才剛開始，這是中國想像力經濟的黎明。」簡廷在說，他和他的公司也早已規劃做好準備，將會轉型進入一個全新創意陸地與海域和雲端科技的經濟戰場。

3. 起點

　　1956 年，簡廷在出生在嘉義大林大美里的佃農人家，從小看著父母奔忙於田裡農作，又要撫育八名子女，家裡的生活一直非常困頓，所以他從小就很明白，自己一定要走不一樣的路，才能幫助家裡脫離貧窮。

　　那時臺灣還是農業社會，哥哥、姊姊們一個個都早早輟學去當農業長工，後來臺灣經濟開始轉型成工商社會時，就到工廠工作當鑄造學徒。簡廷在也耳濡目染，從小跟隨哥哥學會做翻砂模具，開始種下日後雕塑專業的興趣與能力。

　　回想童年，簡廷在滿懷感恩，感謝父母自幼給他們燒飯煮菜及拾荒這些獨立生活技能的磨練。除了覺得幸運，也對兄姊充滿感謝，因為他們在未成年就去打工補貼家計，年紀最小的他，也才有機會專心讀書拿到高中學歷。

　　國中二年級的時候，簡廷在轉學到臺南永康國中，開始對工藝和美術產生了興趣。當時的美術老師王培和工藝老師李惠美都很支持他，兩人也給了他很多指導與啟發。

　　他在兩位老師的教導下有了初步的基礎，也因為表現傑出

而順利考上臺南的南英商工職業學校，這所學校擁有臺灣職校體系裡最早的廣告設計科。學校也因為他的工藝美術專長，邀請他加入校隊，並在全國技能競賽拿到第二名的成績，順利保送到國立臺灣藝術專科學校（現為國立臺灣藝術大學）就讀。

但是他卻考慮家境而放棄保送機會，決定先就業，應徵文具批發商當外務員，也很幸運的跟隨老闆到各商店市場推銷，才有機會學習如何兜售匾額和禮品。這樣的工作經歷不到半年時間，就收到兵役通知需要立即入伍服役。

服兵役的時候，簡廷在承包過軍中福利社的小餐館，他以童年在家幫忙家務煮飯燒菜學習的手藝，為軍中弟兄煮出一手好菜，並且利用星期六、日休假日到市區推銷浮雕匾額，不但賺了些錢，也初步歷練了些商業經驗。退伍之後，他立刻在自家屋頂搭建鐵皮工廠創業。那時家裡的樓下是早餐店，他也在頂樓鐵皮屋開設小作坊，製作銷售浮雕匾額和室內浮雕擺飾品，那畫面有如在矽谷的車庫創業故事。

20 歲的簡廷在，就在自己家裡頂樓加蓋的鐵皮屋開始了匾額生意，當時臺灣流行送匾額當賀禮，一般產品就只是簡單的在上面寫幾句吉祥話，簡廷在卻用創意和美術圖騰為這項產品

增加價值。他利用自己的美術才能開發出「雕塑匾額」，開始以想像力來為商品加值，如「事事如意」就雕柿子、「鴻圖大展」就雕一隻展翅的大鵬鳥、「富貴有餘」就雕出魚群，以象徵種種祝願。

他總是從星期一到星期五在工廠裡忙碌的製作雕塑禮品和匾額，每到假日就裝滿一貨車，選定各城市到處去兜售，在臺灣中部五縣市到處找買家。二十出頭的簡廷在，就這樣慢慢經營出自己的小江山。這些巧思讓他的產品有了差異化，也推動了生意，打下初步事業基礎。

但是天下沒有永不沒落的生意，隨著時間過去，生意經濟板塊位移，匾額的需求越來越少，市場也不如以往，簡廷在開始思考如何轉型求生。

慢慢的，他把業務拓展到庭園景觀市場，製作佛像和歐式雕塑，也開始接汽車旅館的裝飾工程。直到今天，高速公路臺南仁德交流道旁的大佛像仍然屹立著，而當時的作品如臺南皇家花園、國妃鷹堡、荷蘭村、豪司登及歐美等知名汽車旅館，這些簡廷在的作品，始終是臺南人記憶中的地標亮點建築。

簡廷在的作品開始受到建商的注意，越來越多的案子找

他，把創意美術雕塑的能力移轉到藝術建築市場，用美感來提升房屋的價值，為看來平凡無奇的房屋，穿上歐式風格創意的外衣。

那時臺灣經濟正值起飛期，到處都有建案大興土木，簡廷在承接了一些美化外觀的建案業務。比如在房屋設計圖上加上歐式城堡尖塔，將牆面裝上老虎窗，為房屋包裝了豪華美觀的外衣，增添建築藝術無限生命價值。

因為這些創新的製作，簡廷在自學並融匯貫通的學會了房屋的「美學」、「結構學」和「力學」與材料的「應用學」，蓋出一座座用 GRC/GMRC/GRG 包覆的歐式宮殿與城堡，這些時尚簡約又有創新風格的景點地標藝術建築，也讓他在創新建築市場站穩腳步。建商們越來越明白，只要經過他的包裝，房屋就能賣出好價錢，更能倍增企業格局無形價值，於是越來越多人找上門來合作。

對於這些肯定和生意機會，他反而更計較品質和細節，在業主滿意之前，得先通過自己這一關。有時候客戶都說可以了，他仍然堅持「打掉重做」，追求完美的態度，也為他的豪門公司打出口碑。

　　他的公司之所以叫「豪門」，是因為剛創業時有一次去韓國旅遊，看到一家主題公園的歐式外觀建築，他告訴自己，將來的公司也要成為這樣華麗的作品。這樣的豪門夢想最後終於落實在珠海，今天每位到訪豪門公司的朋友，看到的樓宇，正是簡廷在當年的夢想。

4. 轉型

　　從雕塑匾額生意轉進建築產業，看來是不可思議的轉型，這裡面有太多的專業需要學習，需要連結和管理的資源也更龐雜。但是簡廷在相信，只要努力勤快的學習，這世界上沒有學不會的事。更何況一旦能在建築產業裡擁有一席之地，那也代表著產業升級，創造更高的價值。

　　1992 年，許多臺商已經開始前往大陸發展，一位重要客戶，臺南皇家花園汽車旅館曾伯豐董事長，前往深圳興建普威保齡球館，邀簡廷在合作同行。他決定接受挑戰，把握西進的機會，在深圳寶安租了一塊地蓋廠，以臺灣水牛的堅毅精神，

迎向各種機遇與轉機。

　　那時，簡廷在把事業重心放在大陸，卻對臺灣這邊少了關照。臺灣的負責主管用盡各種方法掏空公司，除了自己在外面開設公司來搶生意，把工程項目拿走外，還挖走客戶和員工。當簡廷在發現事態嚴重時，公司已經危在旦夕，他開始臺灣、深圳兩頭跑，蠟燭兩頭燒的設法挽救公司，花了三年時間，才讓臺灣公司活了下來。他說，那些日子真的辛苦，他臺灣南北奔波尋找生意機會，常常一個月的飛機票就花掉十多萬元。

　　1997 年，簡廷在承接了花蓮海洋公園藝術雕塑景點工程，這是公司成立以來接到的第一個主題公園案。遠雄集團董事長趙藤雄打造花蓮遠雄海洋公園，找來澳洲設計團隊與豪門公司合作，那時簡廷在雖然已經與建商合作過不少案子，但是和海洋公園這樣的大型工程相比都是小打小鬧，一下子要扛這麼大的擔子，家人非常為他擔心。

　　哥哥當時就很憂心的警告他：「沒那種屁股，就別吃那種瀉藥。」但是簡廷在卻說，即使是地獄也要去走一趟，這是個難得的機會。那段時間，他常常每天只睡兩、三個小時，幾乎全天都泡在工地。辛苦的血淚付出到了完美收工，優良的品質

不僅得到了各方認可，也讓簡廷在和團隊經歷了一次難得的歷練，成為日後豪門從臺灣走向國際的跳板，也為未來威尼斯人酒店和迪士尼的案子起了個頭。

　　從臺灣發展到大陸，簡廷在歷經人生最忙碌的時期，除了往返兩岸，更時常往返臺北、臺南、花蓮三地。常常在一天內從臺南飛到臺北與設計師溝通，接著再飛到花蓮，然後再從花蓮到高雄再回臺南，甚至又再飛到臺北。

　　遠雄海洋公園當時的合作廠商超過六十家，但豪門不但在花蓮工地外圍設立項目事務所的臨時工廠，希望能做好售後服務，也讓客戶隨傳隨到。當時他已到大陸設廠，在臺灣的腳步卻走得比其他合作廠商都快。

　　時間再回到 1992 年，臺南皇家汽車旅館董事長曾伯豐到深圳投資普威保齡球館，邀請簡廷在到大陸落地，在那之後，也歷經漫長辛苦的拚搏。為了快速發展業務，甚至廠房還沒蓋好就開始接單，在工地上拉起三色遮陽布，和所有的員工就地開始生產。

　　當時的深圳還是個未開發的偏鄉，水電、馬路都沒有，他想辦法打進美國精緻家飾藝品及庭園造景市場，設計開發出許

多歐式雕塑。維納斯、雅典娜、愛神邱比特等希臘神話雕像，開模大量複製生產，每年出貨到美國超過五百個貨櫃，公司業務也快速成長。

從 1992 年到 1997 年，回憶起剛落地大陸的短短幾年，簡廷在的公司已經在不知不覺中大幅轉型，除了公司的營業規模放大超過百倍，事業範疇也從建築業跨足了難度和附加價值更高的文化創意主題樂園產業。在國內外企業發展的經驗裡，很難看到這樣的轉型，而簡廷在都以臺灣水牛敢衝肯拚的精神，把整個企業帶到全新的境界。

一直到了 2000 年左右，不到十年的時間，豪門公司的規模和格局都已經躍升為國際級企業，不再是當年那個在鐵皮屋裡製作匾額的初創公司。

那時簡廷在怎麼也想不到，後來的豪門會有更超過他想像的巨幅成長，成為迪士尼等第一流國際企業最信任的合作夥伴。

第二章
新世界：接軌‧躍升‧回顧‧商道

1. 接軌

回想起來，1998 年該是簡廷在的事業走向國際的開始。

那時他和澳洲的設計團隊聯手打造了花蓮海洋公園，這也是臺灣有史以來最大的海洋主題公園。

在工程完工的慶功酒會上，他向團隊所有人說了一句話，在今天聽起來像某種宣告，也像是對工程成果品質充滿信心的預言。

「工程雖然結束了，但是我們的人生正要開始。」簡廷在跟當時合作的澳洲夥伴和同仁說，這個合作不是結束，而是開始。四年多之後，2002 年簡廷在接到來自澳洲的電話。那位

　　接下澳門漁人碼頭工程的外國朋友問他有沒有興趣合作？對方說，透過那位曾經和簡廷在合作花蓮海洋公園的朋友介紹，知道他所打造的主題樂園很專業。

　　巧的是，那時簡廷在剛買下珠海工廠土地尚未興建，公司預定地正緊鄰澳門，車程三十分鐘可達，於是就約在珠海見面洽談，雙方也立刻談定合作。

　　接到這個案子之後，國際大客戶開始一個接著一個找上門來。澳門漁人碼頭的工程完成後，豪門再度讓世界驚豔，也為公司帶來許多客戶，開啟全球事業格局。

　　豪門公司陸續打造了澳門威尼斯人、新加坡環球影城、香港海洋公園二期、香港迪士尼樂園、美國加州迪士尼樂園、長隆海洋王國、臺灣奇美博物館、衛武營國家藝術中心……等主題樂園，在這些作品裡，簡廷在和豪門也跟著客戶的高度與速度一同成長。

　　和最頂尖的客戶合作，才能成為最頂尖的品牌，簡廷在回顧和這些國際級客戶合作的經驗，歸納出三個心得：

一、策略思考

頂尖客戶的要求都很高，但是這樣的客戶要爭取的人很多，一旦合作，對公司的實力和品牌都能加分。簡廷在特別重視與國際頂尖客戶合作的機會，甚至把這些案子視為品牌行銷的投資。

二、口碑行銷

一旦和客戶簽約之後，就要試著忘記成本，以打造藝術作品的心態去工作，做不好就全部打掉重做。即使客戶都說滿意了，仍然要堅持修改出最完美的作品，這樣追求完美的執著，也贏得了客戶的尊敬，甚至主動為他宣傳，公司的形象與口碑，也成了豪門最珍貴的資產。

三、堅持專業

瞭解自己的獨特性和專業價值，由於豪門的作品相當特別，融合了設計美學、建築力學、材料科學與循環經濟，和一般的建築業大大不同。

這樣的專業已成為世界先進國家的主流，除了主題樂園，

許多高樓建築也都採用同樣的工法。所以要很仔細的和客戶溝通，讓客戶瞭解這樣專業的價值。

簡廷在的專業，總是展現在工作態度上。

2004 年接下澳門威尼斯人的合作案之後，在動工之前，他和豪門同仁飛往美國拉斯維加斯的威尼斯人飯店考察。連續五天拚命工作，每天睡不到三個小時，拍了五萬多張照片，等於用眼睛把整座威尼斯人記憶了下來。

回到工作現場後，他再用這五萬多張照片組合出每一個細節，為澳門設計出另一座威尼斯人。完工的時候，客戶看到精準完美的成果，除了滿意更是讚嘆說，比原版的威尼斯人更精緻。2007 年，威尼斯人正式營運，第一天就吸引了超過八萬人入場。

「我們之所以能捍衛威尼斯人的品牌價值，完全是因為專業和用心。永遠給客戶超乎預期的高品質，一直是豪門的信念。」簡廷在說，一切的美好都不是奇蹟，有血汗投入才有歡笑收穫。

威尼斯人的一磚一瓦，都是先在珠海工廠雕塑，經過檢驗和測試完成之後，才用拖板車運到澳門組裝。這樣的工作方式

讓成本提高許多，卻也呈現了最高的品質。

澳門威尼斯人讓豪門成就了一座里程碑，也拿到更多的合作機會，更高速的成長。往後的十年，打造了香港迪士尼、香港海洋公園，也在新加坡建了環球影城，甚至遠在加州迪士尼都有豪門的作品。

這些成績，也鋪陳出更大格局的事業機會，為豪門打造上海迪士尼譜下前奏曲。

2. 躍升

2005 年，簡廷在和迪士尼合作，在香港打造了全球第五座迪士尼樂園，這也意味著全球娛樂巨人在中國市場的起步。當時許多人都好奇，下一座迪士尼會出現在中國的哪一座城市？

「我們正在規劃，可能不久後就會在上海再和您合作。」負責香港迪士尼工程的主管對簡廷在說，有了香港迪士尼的合作基礎，相信上海迪士尼會更精彩。

當時簡廷在越來越忙，要照料的合作案也越來越多，對這

些話並沒多想。

　　打造一座迪士尼樂園需要許多條件，除了當地官方和商界的大力支持，更重要的是資源和市場。要找到適合的建地，更要政府配合許多公共建設，需要國際品牌高度規劃設計一億人以上的市場規模，才能吸引市場人潮和樹立業界領航的能見度。

　　世間一切顯然皆有因緣，從 1998 年開始，簡廷在陸續和國際級品牌合作，陸續完成一系列亮麗的作品：

1. 1998 年臺灣花蓮遠來大飯店 / 臺灣花蓮海洋公園

2. 2000 年珠海購地

3. 2002 年珠海設廠

4. 2002 年澳門漁人碼頭

5. 2004 年澳門威尼斯人酒店

6. 2007 年完成澳門威尼斯人開幕

7. 2008 年香港海洋公園

8. 2009 年香港迪士尼樂園擴建主題公園

9. 2009 年新加坡環球影城

10. 2010 年受邀美國迪士尼設計總部，邀約研討設計及藝

術建築技術交流

11. 2010 年美國加州迪士尼工程

12. 2012 年珠海長隆橫琴灣酒店（亞洲最大主題酒店）

13. 2012 年珠海長隆海洋王國主題公園

14. 2012 年臺南奇美博物館

15. 2012 年高雄衛武營國家劇院四大廳劇場

16. 2014 年受邀上海同濟設計院技術交流

17. 2016 年上海迪士尼城堡深化設計創作工程

18. 2018 年海口長影環球 100 主題公園

19. 2019 年臺灣桃園麗晶花園廣場

20. 2020 年臺灣豪門御墅一期

2011 年時，迪士尼落地上海，開始進行各項基礎工程，整地規劃開發，眼看馬上就要進入最關鍵的施工階段。

2014 年 6 月，簡廷在接到來自上海的電話，負責興建上海迪士尼的團隊邀他去談談，就此展開了一場長達一年多的馬拉松式溝通。

上海剛在 2010 年辦完世界博覽會，這是中國第一次舉辦的

綜合性世界博覽會，共有 256 個國家和組織參展，吸引了來自世界各地 7308 萬人次觀展。中國政府在上海世博會的總投資達450 億美元，手筆遠超過 2008 年於北京舉辦的第 29 屆奧運會。

在這樣意氣風發的時刻，正在打造中的上海迪士尼，無疑是全世界關注的焦點。上海市政府特別整合各方菁英資源，與迪士尼共組團隊成立申迪公司合作，當工程進入到景觀外飾包裝設計的雕塑部分時，美國迪士尼總公司特別提出建議要和經驗豐富的簡廷在合作。

上海團隊對於迪士尼的建議顯然有不同考量，身為中國最重要的商業之都，對於自己所擁有的一切自然充滿自信。資金、人才、專業，沒有什麼是上海沒有的，世界各行各業最高水準的資源都匯聚在上海，有什麼理由必須和一家遠在一千六百公里之外的珠海公司合作？

上海和珠海的對話就這樣長達一年多，簡廷在每個月總要飛個幾次來回三千多公里的旅程，去和上海迪士尼的團隊開會，甚至為團隊上課分享各種專業知識。這樣勞心勞力奔波，卻始終沒辦法讓對方簽下合約。

品質標準要求高加上工程時間越來越有限，這些壓力簡

廷在都可以理解，但是在長達一年的溝通裡，最磨人的是來自甲、乙、丙、丁的四方關係。甲方是上海市政府和美國迪士尼公司合組的申迪公司，乙方是負責上海迪士尼專案總包的上海建工集團，丙方是建工集團旗下負責分包的裝飾公司。簡廷在回憶當時的情境，很明白豪門公司在這樣的合約結構下，是財權最小、責任卻最大的丁方。

「甲方的要求是工程的品質和美感，而丙方要我們控制預算，如果想以丙方開出預算來達到甲方的要求，真的很困難。」簡廷在說。

預定的開幕日越來越近，簡廷在知道，如果不趕快把合約簽定，他根本沒辦法完成這項重要工程。但是過去這一年多的協商過程中，對方提出的條件越來越嚴苛，特別是在費用上更是斤斤計較。於是他下定決心寫了信過去，表達要自動放棄這項合作。

當時距離上海迪士尼開幕日只有一年左右，許多重要的工程都還等著進行。簡廷在放棄爭取合作的消息傳到了迪士尼總部之後，相關主管馬上要求上海方面的最高主管和他商談。

兩人一見面，很快的談到問題核心，簡廷在理性感性兼具

的說明自己為難之處。

　　「就像娶個老婆，要她相夫教子，要打理家裡內外煮三餐，總要給錢買菜買米下鍋吧？再怎樣的巧婦總難為無米之炊。」簡廷在簡白有趣的比喻，也打開雙方長期的僵局，在很短的時間裡就簽定了合約。

　　接下上海迪士尼的工程之前，簡廷在已經身經百戰，服務過許多重量級的國際客戶。但是這一次工程要求之高更遠超過以往，上海迪士尼的工程誤差率都在毫米之內，豪門公司在珠海工廠製作的每一塊構件，在運到上海工地安裝之前，都要通過美國迪士尼團隊的檢驗。

　　2014 年 8 月，簡廷在啟動上海迪士尼城堡合作，製作的藝術構件總量超過一萬件，每一件都由人力與電腦科技協作進行深化設計繪圖，如 PSD、MSD、CSD 圖、美術素描、雕塑、開模、製作、檢驗和測試組裝、包裝、運輸、吊裝等等檢查品管。當時只有一年的工程期，時間非常的緊迫，公司全體全天候工作，超過七百名工人天天加班投入生產，當時幾乎每兩天就有一個集裝箱從珠海運往上海。

　　美國迪士尼總部把上海迪士尼視為新的里程碑，精選最嚴

格的工程師和技術顧問，對設計圖、開模、雕刻到成品，每個過程都仔細審核，每一個項目都至少有三個人來檢驗，針對「尺寸」、「造形」、「肌理」等不同的專業來討論，讓所有人同意才算過關。

挑剔的客戶永遠是最好的老師，與迪士尼的再次合作，讓豪門的作品更精準完美，企業也大大的轉型升級。

豪門為上海迪士尼生產上萬個元件，就得通過數十萬次的審核檢驗。所有成品都得在工廠試組裝，由美方檢查組裝後的整體美感、表面質感，結構密度、拉拔測試都須符合水準才能過關。藉由與國際大公司的合作，豪門學到一絲不苟的工作態度，也得以脫胎換骨。

2016 年 6 月 16 日，上海迪士尼正式開幕，豪門公司參與了園區裡城堡和絕大部分的主工程。七大主題園區、三十餘個遊樂項目，到今天仍然可以每天接待超過三萬名遊客。

上海迪士尼樂園是世界第六座迪士尼樂園，單體面積也是世界上所有迪士尼樂園中最大的，相當於東京迪士尼樂園的兩倍、香港迪士尼樂園的三倍。

除了在建築界，簡廷在也受到許多不同專業的肯定，成為

《建築技術》、《賦築聲音》這些專業雜誌專訪的話題人物。

3. 回顧

　　兩岸三十年來，簡廷在出生於嘉義大林，從臺南創業走向全球，並且長年深耕珠海，除了致力於事業的經營，也付出很多時間和精力在服務臺商。

　　現在的他，除了是澳門臺商會的會長，也是珠海臺商會的常務副會長兼金灣區高南分會會長。

　　這些職務也像是簡廷在的另一道事業軌跡，更像是臺商過去在大陸奮鬥的歷程。1990 年到 2010 年這二十年間，許多臺商帶著資本和技術進入大陸發展，也參與了中國大陸經濟成長最快速的騰飛時期。2010 年之後，臺商在大陸幾乎已成歷史名詞，當大陸的資本和技術市場都發展成熟，轉而開始吸引了更多前去尋找工作機會的臺灣年輕人。

　　簡廷在長年致力於臺商的服務，最早的源起是 2000 年把公司從深圳搬到珠海，認識了幾位臺商朋友，大家熟識並且常常

交流。2005 年，來自北京的中央電視臺（CCTV）特別深度專訪他談經營故事與心得，之後他被邀請加入珠海臺商會成為副會長，逐步累積了一些社團活動經驗。此外，又因為公司有合作案在澳門，於是也加入澳門臺商會，就這樣一步步擔任臺商社團各級幹部的職務。

回想這些服務臺商的經驗，簡廷在印象最深刻的，是有一年春節他回臺灣過年，半夜兩點接到求助電話。一位在珠海的臺商因為車禍被送到醫院，身邊沒有人照顧，也繳不出保證金，所以醫院不願意治療和收容。

這位臺商在臺灣的家屬焦急的請簡廷在幫忙，他馬上開始積極連絡，以臺商會幹部的身分請求當地官員協助，再想辦法聯絡設備比較完善的醫院救援，終於把一條命給救回來。

這次的經驗讓簡廷在更確定臺商會的重要性和必要性，尤其是兩岸關係起伏不定，更需要這樣的組織來照顧和協助在大陸的臺商。「立足澳門、跨入亞洲、走向世界。」每次在澳門臺商會開會的時候，簡廷在總會以這樣的使命提醒在場的每一個人，要大家多推動兩岸四地合作，強化臺商服務的全球網絡。

回顧過去，簡廷在奔波於兩岸，如同許多臺商一樣經歷了

種種挑戰，這些磨練反而更堅定他推動兩岸合作共榮的信念。

　　1992 年剛到大陸發展時，他在深圳落地，當時中國經濟一日千里，土地價格飛漲。1998 年左右，房東因故被法院拍賣他所租賃工廠的土地，法院開價一百萬元人民幣，要把整個廠房土地賣給他。當年他如果買下這塊位於深圳寶安的土地，今天獲利該不只十倍百倍，當年的一百萬元投資可能今天就會獲利上億元。

　　但是簡廷在考量種種的不確定性，並沒有答應買下這筆土地，因此買下這片土地的新地主從 1998 年開始百般騷擾，甚至經常故意斷水斷電，對他的經營產生很大的困擾。於是簡廷在選擇 2000 年轉進珠海，買下四萬平方公尺（約四甲）的土地。

　　2000 年買下珠海的土地後，動工蓋廠時間卻需要延後一年半，這期間工廠需要養近兩百位員工，每個月薪水支出就要上千萬元新臺幣。簡廷在當時天天思索自己是否繼續在海外投資設廠，或者選擇轉行回臺灣蓋汽車旅館。

　　但怎麼也沒想到，珠海廠房都還沒來得及蓋，就在 2002 年接下了澳門漁人碼頭的合作訂單，他就在土地上搭著臨時工作晴雨棚，為澳門漁人碼頭的案子趕工。工程順利一切情勢大

好，漁人碼頭之後，2004 年威尼斯人也從拉斯維加斯來找簡廷在合作，請他設計創作打造澳門威尼斯人酒店內外工程。

在大陸的事業人生就這樣起起伏伏來到今天，對於兩岸的發展，簡廷在也更有想法。特別是 2020 年初，兩岸都同步面對前所未有的巨大疫情，許多臺商因為疫情都留在臺灣長時間的等待。

兩岸之間的溝通，也因為疫情建構出全新的模式，也許實體的交流停止了，但是利用網路科技溝通的能力卻大大提升。這段時間裡，簡廷在並沒有停下腳步，他參加各種論壇和座談會，並持續接受媒體訪問，為推進兩岸關係與臺商權益發聲。

簡廷在看兩岸關係，始終認為「搭橋比築牆重要」，不能永遠陷在政治的紛擾中。國際局勢瞬息萬變，產業發展隨時都在面臨挑戰，臺灣經濟市場規模小，更需要懂得拓展國際視野和加強國際化。

無論是產業轉型升級或引進國際大廠投資，前提是要有穩定讓人安心的投資環境。因此，對兩岸關係抱持樂觀、鼓勵搭橋取代築牆，維持兩岸關係和平穩定，一直是簡廷在為臺商、為產業發聲的核心思維。

　　簡廷在說，大陸的疫情看來已經趨緩，產業陸續復工，但經濟大環境復原看來仍然需要一些時間，臺商的事業也面臨許多挑戰。他大聲疾呼，請大陸在重啟經濟動能的同時，也能給臺商更多支持，像是在大陸各地全面落實惠臺 31 條、26 條政策，幫助臺商度過經濟寒冬。在疫情衝擊中，重整步伐強化體質，進一步發揮實力，共同投入、參與重啟大陸經濟動能。

　　不管情勢如何變化，簡廷在對於兩岸關係總是樂觀，因為他看不到兩岸不合作的理由。過去的經驗已經證明，兩岸合則兩利共存共榮，近三十年來，他一直往來於兩岸四地，努力扮演兩岸經貿、文化、教育及慈善公益等方面的合作橋梁，也看到更多更好的機會。

　　比如大陸政府當局正在進一步深化粵、港、澳三地合作，促成灣區內城市群的深度融合，建立國際級的「大灣區」。而另一方面，一帶一路的相關政策，也讓企業能深入東南亞市場與更多海外市場，這些都是臺商未來的絕佳機會，值得每個人好好把握。

　　簡廷在認為，以大歷史的傳承角度思考，儘管歷經改朝換代、分分合合，中華五千年悠久歷史文化，「一中」始終還是

最大公約數。

　　目前兩岸憲政體制都主張「一中」，兩岸都強調擁有中華文化傳統精神。雖然過去幾十年來兩岸處於分治狀態，但是只要能從人民的福祉出發，兩岸在政治、經濟、文化等各方面還是可以相互借鏡，良性互動。兩岸的未來，應該結合彼此的智慧，往心靈契合、自然融合的方向發展，攜手促進中華民族復興，提升在國際社會的尊嚴與競爭力。

4. 商道

　　位於珠海的豪門公司有個很特別的地址：「中國廣東省珠海市紅旗鎮珠海大道北側」。

　　這也說明了豪門在珠海經濟發展過程中所扮演的重要角色。2000 年，簡廷在把公司從深圳遷到這裡的時候，整片土地上只有他一家企業。二十年來，珠海已經從當年的小市鎮快速發展成珠江三角洲的中心城市之一，也是粵港澳大灣區的重點城市，與深圳、香港隔海相望，又與澳門緊密相連。

簡廷在以二十年的時間，在珠海打造了想像力王國。占地四萬多平方米（約一萬二千坪）的空間裡，除了有歐風宮殿式建築的辦公大樓，也像是主題公園藝術建築創意設計的博物館。從建築設計、GRC建築裝修建材飾品、歐式室內擺飾品、園藝景觀雕塑……，每個角落都訴說著簡廷在和豪門過去的奮鬥。

從幼年就開始和父親一起推車叫賣芋頭冰、蚵嗲、臭豆腐，一下課就到田裡撿番薯、撿稻殼，到成年之後創業開著發財車，到處兜售匾額。甚至今天成為迪士尼的合作夥伴，簡廷在經歷了漫長的商場波瀾起伏之後，仍然堅守著自己所深信的價值。經歷了許多人性故事之後，他反而更相信正直和善良的必要，努力做個自己喜歡的人。

多年前，他一手培養的業務戰將暗地自己開了公司，甚至挖走公司的重要團隊，也把客戶搶走，被他以背信罪告上法院，官司訴訟了許多時間，終於把對方判刑確定。

事隔多年之後，兩人在餐廳不期而遇，簡廷在飯後結帳時還順便幫她買單，讓對方非常驚訝。他說，就是很自然的想到幫她一起買單，因為不想讓對方覺得不好過，如果自己能主動

釋出善意，對兩個人都是好事。

　　經歷了多年的風雨商場人生，簡廷在仍然深信，厚道才是永遠的商道，也永遠以利他思考，把他人的利益總是放在自己的利益之前。

第二部

豪門三意十力

「豪門三意十力」是簡廷在的核心價值觀，常常用來自我提醒。

他認為，面對生活和事業，都該時時去往這十種力量來修練，並且透過修練這十種力量，來強化自己的「三意力」，不斷增進自己在「創意」、「公益」和「生意」的能量，同時從「恆勤力」、「堅毅力」和「永續力」這核心三力出發，連結成「豪門十力」，讓「三意」與「十力」成為一種彼此增長的迴路結構，不斷的生生不息。

簡廷在認為，三意力的核心，是更大格局的「公益力」，企業除了將經營利潤回饋社會，更要為社會創造更大的價值。比如不斷提升產業水準、增強國家競爭力，以及創造更多的就業機會。往更高的層次思考，創造文化和創意資產，為後世子孫留下更多精神與物質的寶藏，這更是以創意來同步實現公益和生意的完美成就。

簡廷在認為，奇美企業的創辦人許文龍先生是臺灣把「三意力」實現得最動人的企業家。他所打造的奇美博物館，是可以傳世千百年的藝術瑰寶，除了向全世界展現臺灣的人文軟實力，也是我們這一代臺灣人留給後代子子孫孫的驕傲，未來更

將吸引世界各國的旅客前來朝聖。

　　這樣的情境就如同世界上每一座迪士尼樂園，以全球為市場，不斷為國家社會帶來繁榮。許多老一輩的企業家，在事業經營有成交棒之後，只留下財富，如果能善用這些財富來建構文化藝術資產，其實可以為下一代創造更多的商機與財富。

　　以下的章節將分享的三意十力將是：

（一）**定位力**：定位定天下，做任何事都要把眼光放遠，提升
　　　高度，先立志一定要達成最高的目標。

（二）**恆勤力**：勤能使泥沙變黃金，如果擁有「死都要做好」
　　　的決心，就有勇氣面對任何困難並且有信心去克服。

（三）**勞智力**：勞力與腦力並用，再好的點子如果沒辦法落實
　　　執行，最終也只是空談；相對的，如果沒有好的想法，
　　　再怎麼努力也無法產生突破性的成績。

（四）**當責力**：責任與工作的原動力，當一個人有了責任心，就
　　　能把問題變成機會；相對的，一個人如果沒有責任心，
　　　即使機會主動找上門，也會變成問題。

（五）**堅毅力**：毅力是成功之母，持續咬緊牙關往前走，有目
　　　標、有方法的一直改善和創新，就能成功。

（六）**創新力**：不斷的創新與革新，沿著「科技工藝」和「藝術文化」這兩個軸線發展，才能拉動產業所需要的創新。

（七）**夢想力**：有夢最美，勇於追求，讓更多人一起來夢想，為這個大夢全力付出，並且共用成果，是夢想最動人的力量。

（八）**團結力**：團隊的魅力，團結無所不能，如果沒有共同的理念和共識，團隊裡每個人即使能力再強，都沒辦法合作出好成績。

（九）**永續力**：建立良好制度，永續經營，企業塑造了制度，制度本身又回過頭來塑造企業，兩者形成迴路，形塑不斷強化彼此的利他制度。

（十）**格局力**：與高端市場為伍，像是一種被動成長策略，透過頂尖客戶所帶來的壓力和養分，企業得以不斷成長。

第三章
定位力：定位定天下

定，安也。——《說文解字》

1. 定位

　　「定」這個字，在中文的世界裡有許多的解釋方式。

　　安定、命定、鎮定、大局已定……，這些含有「定」字的字詞，指的其實都是不變和堅持。

　　簡廷在認為，「定」這個字其實就是一切的定海神針，任何事也要從定位開始思考，有了定位才有規矩和方圓，知道該往哪個方向走下去。

　　「定高志、行中志！定中志、行小志！定小志、行無志！不定志、成廢物！這俗語說，不定志則無所成事。」簡廷在老

是這樣激勵公司同仁，做任何事都要把眼光放遠，提升高度，先立志一定要達成最高的目標。

　　三十多年來，簡廷在參與過無數的建案，對於兩岸四地的工程文化他也了然於心。在參於每一次投標的過程中，他都很明白其中有許多他無法明白和掌握的變數。尤其是大型具有代表性的地標工程，往往會引來各方陣營派系利益的分食與爭奪，讓每一次的投標幾乎都是殊死戰，因為最後只有一家能得標。每家競標廠商心裡的盤算永遠都是，只要少一家競爭對手，自己就可以多一分機會。所以標案過程裡，永遠充滿明槍和暗箭，因此更加需要強化自己的優勢作品。

　　在許多案子裡，簡廷在卻總是能成為最後的得標者，他說，因為他永遠只能在自己能努力的部分努力，把自己定位在最高的專業水準，而且不斷的進步和提升水準。比資源、比後臺、比關係，他永遠是最弱勢的那一方，所以只能靠「定位」這兩個字來建構自己的優勢。

　　對於過去那些自己沒能勝出的標案，簡廷在說，時間往往還是給了最後的公道。隨著光陰的流逝，當年那些競爭者的產品早就變得破敗褪色，而反觀豪門公司更早期的作品，在時光

的洗禮下卻是更美、更人文，這樣的反差是有目共睹的，也是最好的品牌行銷。也許業界人謀不臧的文化永遠不會改變，但是他始終相信，人的眼睛是雪亮的，公道永遠自在人心。

　　簡廷在所認為的「定位」，其實是在定**品牌、品質、品味**這「三品」。定位了品牌，也就同時定位了品質和品味，把自己和其他競爭對手做了策略性的區隔。

　　品牌定位是所有定位的基礎，就如同豪門永遠把自己定位在「世界第一」這樣的想像的同時，對公司內部就產生了聚焦的效果。那不僅標示出所有人要共同全力以赴的目標，也促使個人和團隊都能不斷追求卓越。

　　對外，品牌定位也像是一種承諾，在客戶心目中建構出信任和優質印象，這其實就是最好的行銷。

　　品質是品牌的基礎，定位了品牌，自然也要能做出相匹配的品質，否則就會成為反宣傳。一旦品質無法達到品牌所營造的定位，不只會讓客戶失望，更會受到對手的攻擊，失去應有的優勢。

　　品味是品牌的靈魂，也對品質有關鍵性的影響，那是一種從企業文化最底層出來的人文選擇，更是一種識別高低優劣的

能力。如果沒有這樣的能力，就無法明白自己公司該做出什麼樣品質的產品，更無法支持品牌的高度。

「『專業』這兩個字，永遠是唯一的生存之道。」簡廷在說，他在 2010 年受邀參加美國加州迪士尼設計總部技術研討會交流時，迪士尼設計師代表分享說，西方的現代建築奠基於西元一世紀的羅馬帝國時代，但是人類史上第一個主題樂園卻在 1955 年才出現。當時只能使用傳統的建築工藝來建造主題樂園，經過歷史時間的考驗，不斷的精進研發，不斷創新導入新工藝及材料科研應用。

因此新創主題公園所使用的新材料與新技術，看起來是木頭卻不是木頭，看起來是石頭卻不是石頭，但是比木頭及石頭還耐用，而且可塑性及時效性更好。因此實際驗證了主題公園的大地雕塑，其實是完全不同的兩種傳統與專業知識工藝技術，設計理念、傳統與新工法、材料完全不同。

多年來，簡廷在一直專注於強化自己在主題樂園產業的專業，三十多年的努力，致力於把自己提升到成為世界第一流品牌如迪士尼的夥伴。他說，之所以能得到這些高水準客戶的認同，完全是因為態度，態度將會決定高度。

簡廷在面對每一次合作，永遠抱持三個態度，來打造永不凋零的藝術建築：

一、簽約之後忘記成本：不計代價追求完美，曾經有客戶只付他每平方米一百五十元的安裝費，他竟然為了提高品質付到三百五十元。

二、要五毛給一塊：永遠給客戶超乎期待的滿足，讓客戶知道自己的每一毛錢都花在刀口上，而且物超所值。

三、比客戶更挑剔：有些工程客戶都簽字驗收了，簡廷在看了如果覺得不妥，就會要求打掉重做。

簡廷在說，要堅持這三個態度，其實不需要高深的技術和創意，只要誠意和努力，從這樣的基礎出發，自然能同步成就品牌、品味和品質。

2. 定位學

簡廷在深信「**定位定天下**」，這樣的定位力思維，其實是商管策略中最核心的思維之一。特別在行銷策略的世界裡，定

位一直被長期深刻的討論，就如同要打造一棟房屋的地基，必須要有明確的定位，才能精準的思考和行動。

1972 年，美國兩位商學院學者 Jack Trout 和 Al Ries 聯名，在《廣告時代（Advertising Age）》雜誌發表了討論「定位（positioning）」的專文，這是「定位」這樣的思維首次在商學世界裡出現。

從那時到今天，「定位」一直是全球政治和商業市場最火紅的關鍵字，特別是在管理學大師彼得杜拉克說了「**選擇比努力重要**」這句策略名言之後。

被尊為「定位之父」的 Jack Trout 在 2017 年過世，他人生最後的幾年，專注在中國推廣「定位理論」，也深刻的影響了如加多寶、方太等知名企業。Jack Trout 認為，定位其實就是「策略性選擇」，找到自己的特殊性並且精準的和目標市場溝通，讓自己在消費者心目中擁有獨特且不可取代的位置。

更直接的說，定位理論之所以受到全球各大企業的重視，並不是因為這樣的理論可以讓自己得到消費者的選擇，而是讓消費者沒有選擇，建立堅實的忠誠度，不再考慮其他的品牌。這樣的思維，也造就了蘋果、惠普、雀巢等多家商業巨人。

　　回顧以往，定位理論的經典案例之一，是捷藍航空（JetBlue）。這家廉價航空公司在 1999 年創辦，一開始就展現了明確又具攻擊性的定位。一直以來，「廉價航空」總讓人想到簡陋的座艙、行李費另計、餐點費另計這些不舒服的經驗。

　　一分錢一分貨，消費者也早就不期待在飛行航程中同步得到「便宜」和「舒服」。但是捷藍航空卻做到了，也替自己在廉價航空市場找到全新的定位，而且快速成為市場的領導品牌。

　　之所以能有這樣的成績，是因為捷藍航空深度思考了消費者對「舒服」的需求，並且經過一番對市場的探索之後，發現最有效的投資是「提供更寬敞的腿部空間」。

　　一般航空業者機艙內座位寬度大約是 76 公分，捷藍航空把半個機艙的座位都加大到 86 公分。多出這 10 公分的腿部空間，讓座位更寬敞舒適，搭乘率自然提升。也由於座位變少，每架飛機可減少一名空服員，整個公司一年至少可省下約 3000 萬美元的成本。經過這樣的重新定位思考和調整，即使在全球民航業經營相當困難的 2017 年，捷藍航空的營收卻能達到 70 億美元，而且利潤高達 11 億美元。

　　捷藍航空的成功，讓 Jack Trout 成為全球知名的策略大

師，他的定位理論甚至被認為「有史以來對美國行銷影響最大的觀念」，改變了美國甚至全世界的行銷理念。在他所寫的《定位：在眾聲喧嘩的市場裡，進駐消費者心靈的最佳方法（Positioning:The Battle for Your Mind）》這本書裡，提到定位工作有三個基本思維：

一、快速有效的溝通：市場早已資訊氾濫，該如何和目標對象進行溝通，獲取對方的注意力與認同，並建立忠誠度。

二、進入消費者的心靈：創意本身毫無價值，唯有正確的定位目標和策略兩者融合，創意才能真正有所貢獻。所以，定位的基本方法並不在於發明新奇的點子，而是要能掌握消費者的心。

三、定位定天下：定位決定了品牌的高度和發展方向，也決定了產品的行銷策略。除了產品，個人也要善用定位理論來發展自己。

我們正身處在一個定位成本越來越高的年代，現在的情況是：每分鐘有將近三十萬則貼文發布在臉書上，每天有七十二萬小時的影片上傳到 YouTube，有超過九千萬則照片或影片在 IG 用戶之間分享，再加上 Twitter、Snapchat 這些平臺日以繼夜

的播送，要找到自己的品牌定位顯然並不容易。

在資訊爆炸的時代，要讓自己的品牌被看見並產生認知，就得先瞭解一些市場現實。電腦對於人類所輸入的資訊一向來者不拒，但是人的心和腦卻對每一筆所面對的資訊精挑細選，對於與自己的想法、價值觀或過去經驗不合拍的資訊，人們往往會拒絕接受訊息。要讓品牌在消費者心裡有定位，除了要先改變原有的觀念，更要技巧精準的詮釋與證明自己的價值。

每一位成功者都是定位的實踐者，從產品、服務、公司、機構，甚至個人，有了定位才能確立價值。定位並不是改變產品，而是改變消費者對產品的認知。

大多數人每天面對許多商業資訊，往往只能記住第一名的品牌。一個品牌，如果不能成為產業裡的第一名，即使是第二名，也不容易被記得。

可是要成為第一名並不容易，如果不能成為第一，那就讓自己成為唯一，在消費者心目中建立獨一無二的定位。

人只能接收有限的資訊，喜歡簡單不愛複雜，永遠缺乏安全感，一旦對品牌建立了印象，就不會輕易改變。但是另一方面，消費者的心智卻很容易失去焦點，永遠在留意等待新的品

牌來占據自己的認知。這樣的情況其實常常出現在我們的食衣住行甚至感情生活之中，人生來喜新厭舊、不滿現狀，這樣的特質對於定位工作是阻力也是助力。

建立品牌就是要讓品牌成為品類的主導者，成為品類的第一和唯一，讓消費者一想到某個品類時，立即想到某個品牌。

以上這些和定位相關的故事，也鏡射出簡廷在所說的定位力。他深信，只要建立良好的品牌定位，對於同仁和客戶都會產生無比巨大的力量，讓事業不斷正向發展。

3. 如何定位

Jack Trout 和 Al Riesy 在 1981 年合寫了《定位》，這本書到今天已經發行超過五千萬冊，早就是定位策略理論世界裡的聖經。

《定位》這本書指出，從事定位工作之前，要先從和競爭對手之間的「**差異性**（difference）」，以及自身的「**獨特性**（distinction）」與「**相似性**（similarity）」這三者來思考，找

出自己品牌的「**識別度（identity）**」。再從識別度出發來進行
七個步驟的思考，來找到屬於自己的定位，這七個步驟如下：

第一步、定位聲明

精準的回答以下四個問題，就能說出品牌的定位聲明：

（1）您的公司或產品有什麼獨特性？這些獨特性能讓您超越
　　競爭對手嗎？

（2）誰是主要目標客群？這些客戶的需要是什麼？

（3）您如何滿足客戶的需要？

（4）您的競爭對手是誰？你和他們有什麼不同？

第二步、比較出您的獨特性

比較你和競爭對手有什麼不同，比如在市場定位上的差異
是什麼？

第三步、競爭對手分析（Competitor analysis）

分析競爭對手的優勢和劣勢，對比出自己的優勢和劣勢，
瞭解競爭對手在市場上的地位，以及你和競爭對手間的差異，

再找到市場有那些需求未被滿足。

第四步、確認您目前的市場定位

瞭解自己在哪一個市場？目前的市場占有率是多少？是在高價或平價？高 CP 值或高附加價值？您的潛在客戶又是怎麼樣去看待您的品牌？

第五步、分析競爭對手的定位

對手對市場的影響力究竟有多大？在哪一個市場？目前的市場占有率是多少？是在高價或平價？高 CP 值或高附加價值？您的潛在客戶又是怎麼樣去看待對手的品牌？

第六步、發展獨特的定位策略

在消費者的心目中創造獨特的印象，這個印象必須有別於你的競爭對手或是其他的品牌。

第七步、檢測品牌定位

根據產業類別和目標受眾設計測試模型，檢視自己的定位

是否正確且可行。以焦點團體訪談、問卷調查、深度訪談、人物誌研究等方法，根據這些測試的結果，瞭解自己的品牌定位是否需要調整。

　　透過以上七個步驟，找出自己的品牌定位，再根據這個定位來檢視包裝、行銷、定價、品牌名稱、產品甚至客戶該如何改善。

　　想要永遠在市場上占有一席之地，就必須透過科學方法調查研究來做定位，在定位之前之後都要問自己以下幾個問題：

一、這定位能勾勒出清楚的圖像，輕易辨別與競爭對手之間的
　　差異嗎？

二、這定位能展現您品牌所提供的獨特價值嗎？

三、這定位能滿足您的主要目標客群嗎？

四、這定位和您的企業理念價值一致嗎？

五、這定位是否容易理解？同仁和消費者都能明白嗎？

六、這定位很容易被模仿嗎？會不會隨著時間而變得過時了？

　　對於變化快速的市場而言，每個品牌永遠必須隨時做好重

新定位的準備，只有以徹底的市場分析來獲得有說服的數據，
定位工作才能讓品牌走得可長可久。

　　每每回顧經營事業的心得，簡廷在永遠把「定位」擺在
第一。他認為，定位的原理就像消費者心智中有一個階梯，每
一個階梯上都有不同的品牌，品牌有高有低，如果沒有定位戰
略，排在下面的品牌想要往上移動是幾乎不可能的。

　　所以經營品牌要在顧客的心智世界找到屬於自己的空間，
並且在顧客的心裡找到一個還沒有被其他品牌占據的階梯。分
析簡廷在的定位思維，可以明白他的定位有三個基本方法：

　　一、**分析**：瞭解三個事實，瞭解自己公司、瞭解對手、瞭
解產業環境，確認對手是哪些公司，這些公司的優勢和劣勢是
什麼？

　　二、**設計**：避開對手的優勢，掌握對方的劣勢，設法讓自
己的品牌找到優勢的位置，如同作戰時找到地勢制高點，易守
難攻。

　　三、**定錨**：為自己的定位找到具說服力的方法，並且讓客
戶和消費者認同這些優勢，再整合資源，把這些定位植入顧客
心中。

　　這樣的思維，其實也出現在賈伯斯經營蘋果的故事裡。一家公司到底要集中火力聚焦行銷某些產品，還是開發更多品項產品滿足消費者不同需求？這個問題也曾讓賈伯斯陷入苦思。

　　賈伯斯曾經離開蘋果 12 年，1997 年的蘋果公司股價從 50美元跌到接近 13 美元，董事會決定請他回來拯救蘋果公司。當時賈伯斯把整個公司的產品檢視一次，發現蘋果公司的產品類型實在太多，而且產品之間的功能還有雷同甚至相互競爭。

　　賈伯斯於是在公司會議中畫出兩條垂直交叉軸線，水平軸線的兩頭分別寫著「桌上型電腦」和「可攜式電腦」，垂直軸線上寫著「一般消費者」和「專業人士」。把兩條軸線交叉成四個方格，賈伯斯在四個方格裡填上了四種產品，分別是：「專業人士＋桌上型電腦（Power Macintosh G3）」、「專業人士＋可攜式電腦（PowerBook G3）」、「一般消費者＋桌上型電腦（iMac）」以及「一般消費者＋可攜式電腦（iBook）」。這樣的規劃，終於讓蘋果的股價從將近 13 美元，漲到 489.56 美元，蘋果電腦在市場的銷售數字再度居於領先地位。

　　這樣的思維，和簡廷在的「定位三法」不謀而合，都是先分析再設計再定錨。如同行銷大師科特勒的行銷理論中提出的

「STP 工具」，先分析市場（Segmentation），再確定目標市場
（Targeting），再定位（Positioning）。這些工作也界定了產品
特色的設計和定價等，這也是型塑品牌的核心工作。

第四章
恆勤力：勤能使泥沙變黃金

「努力工作的彼岸是美好人生。」──稻盛和夫

1. 勤與學

　　業精於勤荒於嬉，十年修練往往才能磨成一劍，時間是最公平的裁判，任何成就都與投注多少時間有關。

　　古今中外，總有許多故事歌頌「勤」這個字，甚至和美德畫上等號。

　　對簡廷在而言，「勤」這個字有更多的意義，那代表了決心、意志和強烈的求知欲。

　　服完兵役之後就創業，簡廷在從來沒有向任何人領過薪水，他始終是個發薪水的企業主，不管是創業初期為了讓公司

生存發展，或是公司已經在市場占有一席之地的今天，他一直勤於工作，更勤於學習。

回顧過往，從沿街叫賣美術雕刻匾額出發，一路發展到打造世界級主題樂園的建築與景觀的文化創意事業，每一次成功轉型的背後都是個「勤」字。

「天下沒有學不會的事，我本來什麼都不懂，所有的能力都是學來的，只要堅定信心和耐心的去學。」簡廷在說，人之所以能勤學，完全是因為有動力，而決心和態度則是最重要的動力。

如果擁有「死都要做好」的決心，就有勇氣面對任何困難，並且有信心去克服。學習是戰勝困難唯一的道路，找到不同的方法去把事情做好，而不會一直用同一種方式去做，把自己撞得頭破血流卻還不知變通。

創業聖地矽谷的名言說，老天永遠只會懲罰兩種人，一種是懶人，一種是笨人。懶人永遠懶得行動，明明知道該做的事卻永遠不去做；笨人則是永遠想用同樣的方法得到不同的結果。簡廷在認為，光是「勤」這個字還不夠，除了要努力不懈的行動，更要認真聰明的邏輯思考和學習。

　　他以自己的經驗為例，打造主題樂園的工程是許多專業的結合，從創意設計到材料科學再到建築力學，這裡面的知識有創意、有美學、有物理還有化學，一個人無論再如何認真的學習，都不可能在短期裡精通這麼多的專業。

　　所以更重要的是學習「連結專業」的專業，能夠整合各方最優秀的人才，就能打造出一流的作品。

　　整合各方專業菁英組成一流團隊，一直是簡廷在的致勝關鍵。他認為這樣的專業背後，至少包含了三種能力：

　　一、知識力：虛心求知，對於各種專業都具有學習的熱情，明白如何識別專業的高低水準，也知道如何找到最好的人才。

　　二、溝通力：對不同專業的人才，要用不同的方式來溝通，該理性的時候理性，該感性的時候感性，該彈性時彈性。掌握對方的情緒與需要來精準的溝通，適時的因應。

　　三、管理力：懂得如何有效使用各種獎懲賞罰工具，更能激勵團隊聚焦在相同的目標齊心努力，從認同出發來造就一支不需管理的團隊。

　　有了這些能力，再加上勤快、負責、毅力與誠信，就能打造一支無堅不摧的鋼鐵部隊。這樣的團隊，在發揮驚人的戰鬥力之前，必須先具有堅忍耐磨的基本功。

　　每一次工程的一開始，簡廷在的團隊往往是從一個小專案做起，認真的做出成績，得到客戶信任之後，就能得到更大的項目。因為客戶也往往會用這個方式來讓合作廠商之間彼此競爭，為自己找到最有利的合作資源。

　　這些經驗都告訴簡廷在，耐心是成長的關鍵，讓個人和團隊能持續抗壓學習。以這些理念，簡廷在的主題樂園事業格局，一路從兩千坪的小案發展到十倍、百倍以上的大案。

　　除了勤於工作和學習，更要勤於思考和溝通，簡廷在不只在創意和設計上擁有傲人的成績，更善於理解客戶的需要，並且有技巧的說服。多年的商場江湖，他很明白每個客戶心裡永遠有個計算機，對於每一次合作總是精打細算著投資報酬率。

　　「您給我三個月，我給您一輩子。」簡廷在老是這樣自信滿滿的向客戶打包票，保證自己的作品絕對物超所值。

　　因為每一次工程簽約完之後，他就會轉換角色和心境成為藝術家，把客戶的工程當成自己的創作。而藝術家對於自己的

作品是不會有成本考量的，心裡想的永遠是把作品做到完美。

　　除了感性的交心，簡廷在也會理性的分析。經驗告訴他，只要客戶拿出三個月的營業額來投資，就能得到金錢難以計量的回報，也就是只需要三個月就能賺回所有的投資，而且擁有永生值得驕傲的作品。在臺灣、大陸、新加坡甚至美國，許多簡廷在十幾二十年前的手筆，今天仍然是當地的地標。

　　所以，「勤」這個字在簡廷在的心目中，顯然有很多面向的意義，要勤於工作、勤於學習，更勤於思考和溝通，需要毅力、腦力和努力，再加上時間的投入，終會得到可喜的成績。

　　點點滴滴的努力有一天終會被看見，進而累積成更大的能量。每一個現在，其實都在成就未來。

2. 恆毅力

　　簡廷在對「豪門十力」之中的「恆勤力」所做的解讀是，「持續且專注的進步」，這樣的思維也是正向心理學世界中重要的研究主題。多年來，許多心理學家都投入巨大的精力在

研究，到底是怎麼樣的心態和行動，能持續造就卓越和不凡。

「麥克亞瑟獎（MacArthur Fellowship）」一直被視為美國跨領域最高的獎項之一，從 1981 年開始，頒發給各領域最具創造性的傑出人才。只要獲獎就等於被認可是天才型的領軍人物，每年評選各領域 20 至 25 名傑出人士，贈與每人 50 萬美元的獎金發展專業，過去的得獎人年齡從 18 歲到 82 歲都有。

賓州大學的心理學教授 Angela Duckworth 是 2013 年麥克亞瑟獎得主，她曾為白宮、世界銀行、NBA 和 NFL 球隊、財星五百大企業執行長提供諮詢。在研究過三百位奧運獎牌得主、大企業家等頂尖成功者之後她發現，人之所以成功的關鍵能力，不是智商、天賦，而是「**恆毅力**（Grit）」。

Angela Duckworth 之所以會研究恆毅力，是她長期的觀察裡發現一些疑問：為什麼最聰明的人不見得表現最優秀？最有才華的人卻不見得會最成功？如果不是天賦、不是 IQ 智商，什麼才是人生成功最重要的關鍵要素？

Angela Duckworth 發現，天分或努力都不是成就的唯一條件，持久的熱情與毅力才是人生成就更重要的致勝關鍵。她的研究解開了人類一直以來探索高成就之謎，得到以下結論：

一、天分乘以努力等於技能。

二、技能再乘以努力才會是成就。

三、有天分不努力，就只能是潛力。

四、訓練恆毅力，必須有高標準的要求。

就像提出「進化論」的英國科學家達爾文所說，人類的智慧其實差異不大，生來極聰明的人只是少數。但是熱情和努力造就了不同的結果，熱情和努力終究比智力還要重要。他發現，功成名就的人裡，只有少數是智商或天分非凡，而大多數專業菁英的智力也只是一般。

Angela Duckworth 在她所寫的《恆毅力》這本書裡一開始就提到，全美國每年都有超過 14,000 位高三學生申請西點軍校，這些菁英裡只有 1,200 人獲得錄取並註冊入學。而且在畢業前，每五位西點軍校學生中就有一人輟學，這也意味著美國菁英教育資源的浪費，好不容易從一萬人裡選了一千人，卻足足有五分之一的人不能完成學業。

Angela Duckworth 發現，西點軍校新生的輟學大多集中在第一個夏天，這幾個月裡，有個密集的七週訓練課程，學生稱

之為「野獸營」（Beast Barracks）。她好奇究竟是哪些人能通過野獸營的考驗？更好奇為什麼有些看起來最有潛力的新生，反而在訓練之初就放棄了？而且，那些錄取分數最高和最低的兩群新生，輟學率竟然差不多。

Angela Duckworth 於是對西點軍校新生作恆毅力量表的測試，分析恆毅力和錄取分數之間的相關性。她發現這兩者竟然毫無關係，但是很確定的一件事情是，恆毅力分數較高的學生，能完成學業的機率也比較高。一般的印象總認為，有天分的人應該更會努力和堅持，但事實並不是這樣，天分並不等於恆毅力。

簡廷在的經驗和理念，也完全和 Angela Duckworth 不謀而合。渴望成功和創造出完美作品的熱情，產生強大的能量，促使他不斷投入時間和精力工作，並且持續改進品質，這樣長時間的刻意練習，讓他能創作出越來越受到肯定的作品。當作品受到肯定，就會更激發他的熱情，讓他更勤勞的工作，這樣的經驗也讓他更實證了**「勤，能使泥沙變黃金」**這樣的道理。

就如同在馬拉松運動的世界裡，也一直討論著天分和努力之間的關係，這種考驗人類體能極限的運動，一直是肯亞和日

本的強項。

世界前一百名的馬拉松跑者裡，至少有六成來自肯亞，但是經過科學家研究，卻無法發現肯亞人有獨特的跑步基因。而今天日本的馬拉松實力位居世界第三，僅次於肯亞與衣索匹亞，顯然也證明了勤勞練習的重要性，透過不斷的努力，身體條件看來沒有特別優勢的亞洲人，也能在全球運動舞臺創造不凡的成績。

簡廷在總是把自己比喻成「臺灣水牛」，並且以水牛精神為榮為傲，這種持續且專注的學習和工作態度，也一直是臺灣社會所推崇的。甚至在各個教育體系裡，每位老師也會以「恆勤力」的養成當做重要的學習目標，這是具備所有知識和技能最重要的能力。

3. 如何培養恆毅力

至於恆毅力可以培養嗎？該怎麼培養呢？許多人感嘆自己做任何事情都無法堅持到底，沒有想做到最好的決心。有人很

迫切的想要找到長期目標，用熱情和毅力追求那個目標，卻不知道該從哪裡下手。

Angela Duckworth 發現，人會放棄都是有原因的，只是原因各不相同。一般而言，在放棄之前腦中可能閃過四種念頭：

1. 覺得這件事很無聊又無趣。

2. 覺得不值得花力氣。

3. 覺得這件事不重要。

4. 做不來，乾脆放棄。

而能創造成就的人，通常不會說出上面那幾句話。理想越高的人，越會堅持到底，不會更換目標，而且始終一直朝著終極目標前進。

Angela Duckworth 強調，恆毅力可以透過訓練來養成，可運用在教育體系，也可以運用到企業管理。根據她的研究也可以明白，勤勞是成功的關鍵，但是人之所以會努力，是來自於熱情。找到對一件事喜愛的理由，花再多時間去做都不會累，反而會越做越喜歡。越喜歡就會越努力，越努力就會越幸運，因為更多的嘗試得到更多更好的成果。

Angela Duckworth 的研究也發現，每個人的恆毅力其實本

來就不同，有人生來天性就是比較勤勞堅毅。但是恆毅力還是可以靠後天培養的，只要能掌握「**興趣**」、「**練習**」、「**目的**」和「**希望**」這四組關鍵字，就能一步步的培養出恆毅力：

一、興趣

尋找興趣如同尋找愛情，來自於發現、培養和發展，甚至一輩子的深耕。只要持續提供強化興趣所需的能量，並且得到正向的回饋，就會增加自信，並且增加興趣。

二、練習

設定目標去做，全神貫注的下苦功，努力達到設定的目標。透過這些過程找到自己的弱點，並且重複練習和改進。讓重質不重量的方式「刻意練習」成為生活日常，在練習中檢討改進和修正。

三、目的

思考自己在做的事情如何對社會產生正面的貢獻，思考如何以小規模、但具有意義的行動改變現在的工作，以更貼近核

心價值觀找到明確的榜樣,從對方身上尋找靈感。

四、希望

只要相信自己做得到,就有可能變得更聰明。要打破固定思維,學會懷抱希望,樂觀的和自我對話。根據科學研究,智商並非一輩子固定的,透過反覆練習,可以改變大腦結構,強化與工作相關的大腦區域。

4. 反思

簡廷在對於「勤」這個字的認知和堅持,其實源於一種結構性的思考,他認為在全心投入一件事之前,先必須確認這件事的價值和該用什麼方法來執行,也就是先做好「思考」工作。然後把所有的時間和精力與資源全部投入,把「專注」的工作執行到徹底。但是光是把「思考」和「專注」這兩件事做好還不夠,如果沒有「堅持」,這兩件事終究會前功盡棄。

「**思考**」、「**專注**」、「**堅持**」這三件事,也造就了許多

商場傳奇。

　　投資之神華倫巴菲特認為，自己所有的成就只來自於閱讀的專注和堅持，他每天讀五百頁的書、雜誌和資料，這些知識日積月累、聚沙成塔，讓他的投資能力如滾雪球般的增長。

　　就如同巴菲特深信，時間會帶來驚人的複利。已經高齡九十歲的他，仍然每天至少閱讀 5 小時。他說，每個人都能讀到他所讀的書，他只是數十年如一日的勤於閱讀，並且專注做對的選擇，這些事都不複雜難懂，而且每個人都做得到。

　　1932 年出生於日本鹿兒島的稻盛和夫，也是一位身體力行「勤」這個字的企業家，他在 27 歲創辦京都陶瓷株式會社（簡稱京瓷，Kyocera），52 歲創辦日本第二電信（KDDI，日本第二大通訊公司），這兩家公司都在他的經營下進入世界 500 強。

　　2010 年，日本政府請他出手拯救日本航空公司，78 歲的他出任日航董事長，重建這家已宣告破產的公司，並且在一年之內就轉虧為盈，還創造了日本航空創辦以來最高的 1884 億日元利潤。

　　稻盛和夫在剛創辦京瓷的時候，為了專心做好研發工作，乾脆搬進了實驗室，並且住了下來。在全心投入設計新型陶瓷

的過程中，他發現一旦專注深刻的工作，就會在腦海裡形成一個意象，並且不斷產生靈感。後來終於領悟到，人生所有的工作成果都是由「**思維 X 能力 X 熱情**」這個公式所運算出來。

思維指的是態度、思考和決定，稻盛和夫認為，任何大小事，方向永遠比努力更重要，不管什麼情境，做正確的決定永遠是最重要的決策。要能做對的決定，就要先建立對的態度，當處境不順利時，更要保持信念，不怨天尤人，讓自己從理智走出來，讓觀念從消極轉為積極，才有可能突破逆境。

有了正確的思維，更要有強烈的熱情，稻盛和夫曾經形容自己對一件事有高度熱情的時候說：「那個時候如果把我的血管劃開，裡面流出的不是血而是熱情。」高度專注就會產生熱情，有了熱情就能讓人堅持。

熱情和堅持就能造就能力，因為一旦長時間的聚焦學習，就會持續的累積出深度和高度，不斷精進自己的專業能力。這樣終能得到幸運之神的協助，因為機會從來都只留給有準備的人。

「勤能使泥沙變黃金」這句話，對簡廷在而言，除了是種理念和態度，更是事業與人生的實現。從小就喜歡在田裡玩

沙、玩泥巴，讓他對藝術雕塑培養出了興趣，並且以此創業，才擁有今天的成就。他的每一分成就，其實也都是從泥沙而來，不管是用來雕塑當年沿街叫賣的匾額，或是打造國家級地標的主題樂園。

第五章
勞智力：腦力與勞力並用

「想像未來最好的方法，就是去創造它。」──彼得・杜拉克

1. 未來

　　在簡廷在的心目中，古今中外各行各業的菁英，都永遠具備「勞智力」的特質，總是腦力和勞力並用，持續推動人類社會的進步。如同「思與學」和「知與行」在中國文化中永遠是被論述最多的主題，「學而不思則罔，思而不學則殆」、「亦知亦能行」，有智慧的行動才能得到最大的行動效益。

　　過去一百多年來，全球企業史一直是由「想像」與「執行」這兩件事所建構的。全球的商學院和企業，也始終在「研發創新」和「執行效能」兩個方向努力，管理學大師彼得杜拉克更

發出：「**未來＝想像十創新十執行**」這樣的方程式。

　　1975 年比爾蓋茲創立微軟，那時他連大學學歷都沒有。和當時學術界與各企業最頂尖的科技人才比起來，他也許在技術上仍然差一截，但是當時比爾蓋茲所想像的未來是「個人電腦時代」，而當時全球主流的電腦大廠所想像的未來，卻是「大型電腦作業系統」，這兩種不同的想像，也造就了不同的命運和結局。

　　當時電腦產業的領軍人物們幾乎沒有人相信，30 多年後的今天，是這樣人手一部電腦的時代。那時所認為的電腦，永遠是需要一整個房間來裝的龐然大物，而且是像勞斯萊斯轎車那樣昂貴的奢侈品。

　　結果，比爾蓋茲用他對未來的想像力，贏得了這場世紀電腦戰爭。如果當年電腦大廠所想像的未來也是「個人電腦時代」，今天全球電腦產業的局面也許就大大不同了。

　　電腦產業在二十世紀發展成熟之後，一直是吸納巨大資源的產業，龐大的資金和優秀的人才長期不斷投入，但是敢提出不同想像的企業家並不多，在比爾蓋茲之後，到目前也只有蘋果公司的賈伯斯。比爾蓋茲讓電腦從奢侈品成了消費品，賈伯

斯則把電腦再從消費品變成奢侈品。不同的想像，結果自然不同。

同理可證，成功之後的微軟和 Yahoo! 對於網路的未來想像不同，也因此有了後來的 Yahoo!，成功之後的 Yahoo! 和 Google 對於世界的未來想像也不同，所以有了今天的 Google。

以上這些思維，也同樣出現在簡廷在的事業歷程裡，他一直深信，腦力加上勞力是成就任何事業的兩大關鍵。而世界也是由這兩種力量所造就，再好的點子如果沒辦法落實執行，最終也只是空談；相對的，沒有好的想法，再怎麼努力也無法產生突破性的成績。十五世紀的明朝哲學家王陽明提倡「知行合一」，強調要知更要行，要知中有行，更要行中有知，兩者互為表裡，不可分離。知，必然要表現為行，不行則不能算真知。

以現在的人文情境來解釋，王陽明所談的「知」與「行」就是「**腦力（思考力、想像力）**」和「**勞力（執行力）**」，這兩種力量也是豪門企業基因的一部分。簡廷在發現，許多豪門的合作企業也有這樣的特質，能知更能行。簡廷在認為，曾經多次合作的廣東長隆集團董事長蘇志剛，便是一位有想像力又有執行力的企業家，更是一位不斷對事業投入腦力和勞力的創

業人。

蘇志剛在 1989 年創業，從殺豬出身的小販到擁有超過 140
億人民幣身家，他出身廣東番禺鄉間農民家庭，家裡五代都是
貧農。1980 年代，蘇志剛騎自行車到處賣些小商品，後來學會
了殺豬，和家裡人開始擺豬肉攤。經營一些時間之後，他開始
思考如何處理每天賣不掉的肉，於是和路邊的大排檔店合作，
以比較優惠的價格把每天賣不掉的豬肉出清。再一些時間之
後，他乾脆自己開起餐廳來。

1988 年，蘇志剛向金融機構貸款 5 萬元，開了一家賣海鮮
的大排檔店面，之後又改建成更高檔次的香江酒樓。1994 年，
蘇志剛又把這家酒樓發展成提供住宿服務的香江酒店。1996
年，他在番禺投資 3 億人民幣興建香江野生動物世界，以兩年
的時間，在一片荒地上打造出了一個動物與自然和諧共存的綠
色世界，綠化面積達到 90%。1997 年，這家集保育、研究、養
殖、觀光、教育於一體的「香江野生動物世界」開始營業，占
地 2000 畝，動物 300 多種，總數超過 2000 隻，每天接待遊客 8
萬人次遊客。

2000 年，蘇志剛又在離廣州市區更近的番禺投入 2 億人民

幣，興建長隆夜間動物世界。2001 年，再以 5 億人民幣修建了南非風格的生態主題酒店，把飯店直接蓋在動物園裡。

　　在和蘇志剛合作的過程中，簡廷在強烈感受到「智力」和「勞力」的重要性，那就像企業的兩條腿，不斷的支持彼此前進，當想像力能不斷被落實，自然會有更多資源能讓更好更多的想像力產出，如此讓企業持續往正循環發展。每次兩人一開會，總會聽到蘇志剛豪情萬丈的提出各種想法，像是當年在打造主題樂園的時候他就說：「不只要超越迪士尼，更要打造全世界最好的主題樂園。」

　　要成就大夢，除了願景，更要懂得整合資源，蘇志剛在這方面也超越了一般企業家的想像力。在準備事業資金的時候，企業通常會向銀行貸款，雙方的關係都是借方和貸方，但是他卻能說服銀行成為事業夥伴。這樣除了能有更多資金把事業格局做大，在面對競爭對手時更有競爭力，同時也增加了雙方的獲利。

　　可以想見，要說服銀行成為事業夥伴有多麼不容易。有這樣的想像力已經很不簡單了，要實現理想更需要許多心思和汗水，這背後的溝通和協商並沒有任何的捷徑，就只是無數腦力

和勞力的投入。

　　從騎著自行車沿街叫賣到創建主題樂園王國，蘇志剛和簡廷在的人生有太多相似的記憶。簡廷在在臺灣創業初期，也經歷過一模一樣的人生，兩人的童年也都是在田裡度過。蘇志剛曾說，他是一個道道地地的農民，小時候家裡很窮，窮到六個姊妹兄弟都必須到田裡挖番薯和花生。

　　千金難買少年貧，簡廷在和蘇志剛都經歷了貧困的童年，也在自己的專業裡力爭上游，經營出一片天。除了勤於動腦，兩人對於事業的認真與投入，也一直持續著。

　　蘇志剛在打造橫琴主題樂園的三年多時間裡，總是在凌晨四點多起床，六點多鐘就出現在橫琴，和團隊一起在工地現場開會。這樣的經驗簡廷在也不陌生，只要接下專案，不管清晨或深夜，他的身影總會出現在工地裡。

　　由於有太多人生和工作相同經歷，讓簡廷在和蘇志剛兩人更加惺惺相惜。

2. 第五級領導人

　　領導人是決定企業方向與命運的舵手，其性格和態度更是深深影響著企業的每一件事。簡廷在從三十多年前創業開始，一直是公司的最高領導人，他相信以身作則就是最好的領導，也立志打造最優秀的企業。

　　美國知名的管理學者 Jim Collins 從 1996 年就開始進行一項研究，他想瞭解一家公司如何能成為頂尖企業。

　　Jim Collins 發現，大多數成功的公司都有一位傑出的領導人，像默沙東公司的喬治・默克（George Merck）、惠普公司的大衛・普克（David Packard）和迪士尼公司的華特・迪士尼（Walt Disney），這些企業家都有一些共同的人格特質。這些特質讓績效本來就不錯的公司躍升為卓越的企業，他從過去十五年裡的股市研究發現，有些公司經歷一個轉折點之後，十五年裡累積的股票報酬率，至少是大盤的三倍，這些公司的 CEO 都擁有「第五級領導人」的特質。

　　「第五級領導人」是 Jim Collins 認為最優秀的領導人，和其他四級領導人比起來，第五級領導人擁有非常特別的人格特

質。一般的情況下，第四級領導人已經非常的優秀：

第四級領導人：能讓員工投入清晰的願景，並且堅定追求，激勵組織達到高績效標準。

第三級領導人：能善用資源，有效率的達成預定目標。

第二級領導人：促成團體達成目標，有效的合作。

第一級領導人：擁有才能、知識、技能和良好的工作習慣，具有高生產力。

一般而言，第一級領導人是指基層主管，能把自己和小團隊管理好，而第四級領導人已經是能有效管理公司的 CEO。但是第五級領導人才能把公司帶到高峰，這些 CEO 有謙遜的個性，又有堅強的執行力，這樣看來矛盾的特質，才能讓企業從傑出發展到卓越。

除此之外，第五級領導人還擁有以下三大特質：

一、沉靜果決：以最高的標準來激勵員工，不只是靠鼓舞人心。

二、雄心壯志：不只自身擁有雄心壯志，還能讓公司在下一世代變得更加卓越。

三、勇於當責：承擔責任，不怨天尤人。

　　然而到底是什麼樣的特質造就了第五級領導人？Jim Collins 研究了一千多家美國的企業之後發現，第五級領導人其實都是腦力和勞力的信徒，他們都身體力行「**刺蝟原則**」。

　　「刺蝟原則」的由來是哲學家 Isaiah Berlin 說，狐狸對很多事情都懂一些，刺蝟只懂得一件大事，但是卻瞭解得很深入，而最後勝利的往往是刺蝟。

　　狐狸狡猾，能夠設計無數複雜的策略，並且總是伺機偷偷攻擊刺蝟；但是每一次刺蝟遇到攻擊時，都能蜷縮成一個圓球，用渾身的尖刺來保護自己。狐狸行動靈活又工於心計，刺蝟行動遲緩，貌似笨拙無能，但是屢戰屢勝的卻永遠是刺蝟。

　　書中說：如果能邁向三個圓圈的交集，並且把交集所代表的意義轉換成簡單而清晰的概念，成為指引生涯抉擇的指導原則，那麼就擁有了自己的刺蝟原則，這三個圓圈分別是：

　　一、做認同的事：什麼是公司的熱情所在？領導人和員工所共同認知的價值是什麼？大家都能同心為這樣的目標付出嗎？

　　二、做擅長的事：有了熱情就會有工作的原動力，這些動力有沒有把公司推向做自己專長的事？在哪些方面能達到世界

頂尖的水準？

三、做有價值的事：有了熱情也能把自己的專長做好，但是這些事能得到市場的認同嗎？獲利能支持公司未來的發展嗎？

以上這三個思考也構成一個環環相扣的循環，如果一間公司能把自己認同又有熱情的事做到專業又頂尖，同時還能得到市場的認同和支持，自然就會產生源源不絕的動力，持續成長和發展。

反之，不管公司或個人，如果沒了熱情，就會失去工作動力，自然沒辦法把工作做好，更不可能得到市場的認同。

所以，腦力和勞力應該投注在這三個思考上，想像公司如何成為全球頂尖？公司如何能持續獲利並成長？公司如何點燃員工的熱情並建立共識？如同一隻刺蝟般的聚焦思考，最終能在任何困局和挑戰找到突破點。

顯然簡廷在長年以來都在實現刺蝟原則，不管面對什麼樣的挑戰，都專注且持之以恆，他深信只要用腦力和勞力去磨，天下沒有不能解決的問題。

在企管學者眼中，知名的成功創業家，都是以注意力、耐

力來投注在知識與行動的人，他們也往往在很年輕時就開創了一番事業，像是比爾蓋茲在 20 歲創辦微軟，史帝夫賈伯斯在 21 歲創辦蘋果，華倫巴菲特在 26 歲創辦了波克夏。

這樣的人格特質該是由先天和後天兩種元素結構而成，心理學家的研究指出，人格特質是指一個人的反應方式，以及與他人交往時所表現的持久穩定的行為特點。人格會影響人對事物的理解和處理事物的方法，有的人謹慎，有人大膽，有人善於想像，有人善於執行。

而腦力和勞力並用，無疑是簡廷在相當特別的人格特質，因為他所處的行業需要創意，更需要執行力。在談判桌上和辦公室裡，他是創造價值的藝術家，一旦到了工地，他馬上變身成為一絲不苟的管理者。在文化人和商人之間，簡廷在一直迴施轉身，不斷的融合創造力和執行力。

這兩種能力在本質上其實是衝突的，創意需要天馬行空、不受拘束的發展，執行力需要紀律和精準的一步一腳印實現。一面是主觀而感性，一面是客觀而理性，長年的專業訓練，讓簡廷在把這兩種看似難以相容的才能融合在一起。除了成為他的人格特質，也是豪門企業文化相當重要的一部分。

3. 反思

　　簡廷在所處的行業，是需要想像力和執行力的產業，所以必須腦力和勞力並重。如果沒有先把事情想對，並且在執行中不斷的思考和調整，是無法勝任這麼多艱難的挑戰，因為打造主題樂園的客戶，永遠想創造沒有做過的工程。

　　就如同心理學家 Anders Ericsson 同時提出「一萬小時」和「刻意練習」兩個相生相應的理論。他認為，在各種專業領域裡，天才與庸才之間的差別並不在基因和天分，而在於有沒有同時投入腦力和勞力。

　　Anders Ericsson 研究指出，任何的專業要能達到一流的水準，都至少要投入一萬小時的練習。就如同學習鋼琴、小提琴以及各項才藝，都需要每天至少投入三個小時、持續練習十年，加總起來就是一萬小時的投入。但是光投入一萬小時還不夠，如果沒有設定目標和不斷修正改善的「刻意練習」，終究也難成大器。

　　這也是為什麼做同樣一件事，有些人可以成為頂尖高手，但是大部分人卻只是平平。只要善用大腦和身體的能力，每個

人都能改善技能，甚至創造出本來沒有的能力。

1993 年，Anders Ericsson 針對歐洲著名的柏林藝術大學小提琴學生進行研究，將不同程度的學生分為優等、傑出、頂尖等三組，進行抽樣問卷調查。

他發現，在 18 歲前，優等組學生單獨練習的時間平均是 3420 小時，傑出組學生練習時數平均是 5301 小時，而頂尖組學生練習時間則平均高達 7410 小時，大約是優等組學生的兩倍。

他的研究成果發現，要成為一流的專業高手，光看「量」是不夠的，做得再久，作品再多，如果沒有「質」，也不會有所成。就像披頭四樂團在 1960 年出道之前，至少花了約一萬個小時練習；比爾蓋茲在創辦微軟，也至少投注了約一萬個小時寫程式，他們都在一萬小時的時間河流裡不斷精進成長。

Richard Branson 是英國著名企業維珍集團的創辦人，手下掌管兩百多家公司，是當今世界上最富傳奇色彩的創業家富豪之一。他說，只有從失敗中學習，才能獲得成功的能力，只有從失敗中才能學到如何不失敗，克服障礙的唯一方法是去擁抱它。不斷的投入腦力和勞力，就是最好的學習和成長方式。

Richard Branson 從小就有閱讀障礙，所以課業一直跟不上

同學，被老師當成又笨又懶的學生。但是他並沒放棄自己，反而利用與同學互動與問答的方式來學習，不斷的腦力和勞力並用來克服難關，這也成就了他未來的事業基礎。

這樣的童年經驗也讓 Richard Branson 瞭解，不論在未來人生遇到什麼樣的困難或障礙，都要先試著去接受，並且用不同於傳統的方法去解決，他說：「**每次擁抱困難後，你都會發現自己學到了一些可貴的經驗。**」

即使事業已經相當成功，Richard Branson 卻認為，所謂的「成功模式」是不存在的。他認為，重點是永遠要勇於面對挑戰，不要害怕冒險，要相信自己，不要對未知恐懼，挑戰讓人堅強，也會帶來更大的成功。

第六章

當責力：責任是工作的原動力

「當一個人有了責任，就能把問題變成機會。」——明茲伯格

1. 責任

　　簡廷在相信，有責任心的人，總是能把問題變成機會；沒有責任心的人，總是會把機會變成問題，這樣的認知和許多管理學大師的研究不謀而合。

　　1945 年，德國心理學家 Karl Duncker 設計了「蠟燭難題」測驗。他把被測驗的人帶進一個房間裡，給他們一根蠟燭、一盒圖釘和一盒火柴，並要求對方把蠟燭黏到牆壁上，但蠟油不能滴到桌子。

　　大部分的人都會試著用圖釘把蠟燭釘到牆上，這樣子當然

釘不上去；也有人用火柴把蠟燭的底部燒熔，想要黏到牆上，自然也宣告失敗；只有極少數人想到，把圖釘全部倒出來，把蠟燭用燭油固定在圖釘盒上，最後再把圖釘盒用圖釘釘在牆上。

　　這個故事告訴我們，只要換個角度思考，就能為問題找到答案。

　　後來有其他學者把這個測驗加以運用，以驗證影響人的工作效能的關鍵因素，發現最能激發人潛能的，並不是薪酬獎金，而是內心的責任感。那些被告知有獎金的受測者，解題的表現往往不如為了自我和團隊榮譽而戰的受測者。

　　簡廷在也有同樣的經驗，他發現，同樣一件事，用不同的心境去面對時，過程和結局也完全不同。

　　每次接到新的任務，他就會告訴同仁，這是客戶給予的機會，應該好好把握而且做到盡善盡美，以客戶所提供的資源來創造屬於雙方的作品。反過來說，如果只把任務當成差事，用交差的心態來做，是一定做不出好作品的。而且在過程中會感覺非常疲累，因為根本感覺不到快樂和成就感。

　　簡廷在認為，要在內心對一件事產生責任，就必須先有愛與認同，把作品當成實現自己夢想的過程，這樣的思維就會讓

工作過程成為一種享受。因為在工作裡的每一秒，都感覺在成就客戶也同時成就自己，所以就會更加用心投入，創作出更精彩的作品。而這些作品所帶來的成就感，往往也會帶來更多的動力和責任感。

「想想看，如果我們努力創造出可以一輩子感到驕傲的作品，那是多少錢也買不到的快樂，何必去計較投入和付出了多少？」簡廷在總是不時對豪門的同仁這樣說，越艱難的任務才能帶來越大的成就，要去做別人不敢做也做不出來的作品。

他發現，當完成客戶所交付的困難任務時，除了幫助客戶在自己的專業上更上一層樓，自己更會有所成長，有企圖心的客戶會帶來進步和成長的能量。

這樣的思維，除了成就豪門不斷創新進步的企業文化，也對同業產生很正向的影響。產業的激烈競爭，也造成人才的流動，很多人才都來自豪門，自然會把公司的文化帶到其他企業。簡廷在也很正面的看待這些流動，以能夠幫業界培養更多人才為傲。

簡廷在對於「責任」的解釋，就如同西方企業一直強調的「當責（Accountability）」，也就是讓每個人在內心建立自己

是經營者的認知，這樣的認知通常會落實成三種具體的工作態度：

1. 報告：適時報告進度與說明成果（或者沒有得到成果的原因）。

2 說明：知道事件的因果和來龍去脈，並且清楚條理的說明。

3. 判別：判別事情的輕重緩急與利害得失，並且具有完成任務的能力。

Accountability 是 accountable 的名詞，相對於「負責」的英文是 Responsibility，意思就是「response+ability」，是指回應、回答的能力。Accountability 與 Responsibility 都是泛指「負責」，但是「當責」的涵義比「負責」這兩個字更廣更深。如同《韋氏字典》所說的：「Subject to having to report, explain, or justify; being answerable, responsible.（主動去報告、解釋和判別，並且能回應能負責）」，也就是更積極的負責態度。

「當責」不只是「負責」而已，而是要「**負起完全責任，並且交出成果**」，多年來，世界各大企業都早已把當責發展成為企業文化。比如杜邦公司約二十年前就開始推廣以當責思維

來釐清角色與責任，用於跨部門專案及重大案等的管理；GE（奇異公司）也把「當責」做為核心價值觀；安捷倫自HP（惠普）獨立出來之後，就在「HP Way」（惠普原則）再加上「當責」來提升執行力；全球第一大電機／電子公司的德國西門子（Siemens）的三大核心價值觀裡也有「當責」。「當責」這個關鍵字，甚至出現在美國FBI（聯邦調查局）的核心價值觀裡。

究竟「當責」與「負責」有何差別？

3M公司的解釋是：「From board room to mailroom（從董事會到收發室）」，也就是從基層到高層都要擁有同樣的態度，除了負起公司要求的所有責任，更要對自己負責，交出最好的工作成果。

美國作家Roger Connors長年研究當責，他喜歡引用《綠野仙蹤》故事為架構，來解釋什麼是當責。女主角桃樂絲遇見稻草人、錫人和獅子，帶領團隊尋找魔法師奧茲。最後，稻草人終於擁有渴求的智慧、錫人獲得熱情、獅子得到了勇氣，而女主角桃樂絲帶領大家克服自己的弱點，進而步上當責之路。

而這一切並非魔法師奧茲施法，而是每個人發自內心、願意為自己解決問題，並且發揮智慧、熱情和勇氣，承擔責任解

決問題。就像一間公司的同仁，克服各種困難和問題，邁向當責之路。

2010年5月，當時美國摩根大通銀行的CEO Jamie Dimon在雪城大學的畢業典禮上，即以「如何做到當責」（What It Takes to Be Accountable）為題發表演說。他認為，當責包含了五項特質：**勇氣、知識、忠於自己、知道如何處理失敗**及**謙虛**，與人性關懷，並且具有堅強的性格，才能在人生的各個層面為自己負起當責。

簡廷在則認為，當責至少意味著負起三種責任：

一、**對客戶負責**，完成客戶交付的使命，讓客戶滿意甚至超越期待。

二、**為自己負責**，不斷超越自我，持續做出更好的作品。

三、**對大眾負責**，作品完成之後，往往會有成千上萬的大眾來使用，要讓大眾感到滿意，更要為大眾的安全負責。

如同管理學大師明茲伯格的名言：「當一個人有了責任心，就能把問題變成機會。」相對的，一個人如果沒有責任心，即使機會主動找上門也會變成問題。

2. 未來在等待的人才

美國作家 Mark Sanborn 在 2004 年出版了《每一天都是你的代表作（The Fred Factor: How Passion in Your Work and Life Can Turn the Ordinary into the Extraordinary）》，這本書出版之後，很快就成為全球五百大企業人手一本的暢銷書，書裡的主角——郵差弗雷德也成為某種意義上的理想形象。

一直到今天，許多企業仍然認為，最理想的員工就該像弗雷德這樣敬業負責，並且樂在工作。

《每一天都是你的代表作》一開頭就說了弗雷德的故事：

作者剛搬到新家就認識郵差弗雷德，當郵差知道他一年有一半以上的時間在外地出差，就主動建議幫他保管信件以免遺失，等到作者回到家之後再幫他送過來。之後，弗雷德甚至幫他把寄錯地址的信件找了回來。

作者認為，郵差弗雷德就是為自己負責的最佳職場典範，把自己的工作當成表演舞臺，每天都賣力演出自己的代表作，是一位值得所有期望在事業中做出成績的人學習楷模。因為他對於自己工作的態度，並不是為了向任何人交代，而是對自己

負責。因為有這樣的責任感，就會努力把自己的工作做到盡善盡美。

這本書出版之後，作者開始在美國各地舉行的講座或研討會中介紹弗雷德的事蹟。聽眾從服務業到製造業，再到高科技和醫療衛生行業，弗雷德的故事感動了許多人，也促使許多人以弗雷德為師。

甚至有人因為得不到上司的認可而喪志，因為知道弗雷德的故事之後，把追求卓越和品質當做奮鬥的目標，進而改變自己和上司的關係。有些企業還專門設立了「弗雷德獎」，對實踐服務、創新和敬業精神的員工予以獎勵。

簡廷在認為，像弗雷德這樣對自己負責而且對工作充滿動力的同仁，永遠是企業最需要的人才。

過去一百五十年來，人類先經歷了工業時代，那時工廠是經濟動力來源。後來走到資訊時代，資訊和知識主導了國家經濟。而今天，是創意和感性的時代，每位員工都該是為自己工作的創作者。

簡廷在說，創意的最大價值，就是沒有規則且不可複製，需要的是自動自發，而不是被管理和要求，也就是對自己負

責，這也是未來各行各業競爭的最根源因素。現在和未來，一個企業的競爭力，完全取決於當責的公司文化，也就是每個成員都要能對自己負責。

人類從最早的農夫社會轉型到知識工作者社會，現在已經進化到創作者和意義賦予者社會。企業如果只靠技術已經無法競爭，更必須在技術能力之外，培養美感和創意的能力。要具有創造藝術性及精神性美感的高感性，更要有辨認趨勢機會和說故事的高創意。能體察消費者感受、瞭解人際微妙互動、尋找自身和激發他人的生命喜悅，以及超越紅塵俗務、尋找生命意義的能力。

以上這些源自於美國知名趨勢寫手 Daniel Pink 對於「未來在等待的人才」的論述，和簡廷在的觀察和體會顯然不謀而合。Daniel Pink 他曾經在《哈佛商業評論》提出「藝術碩士是新的商業學位」的觀點，預言未來各行各業需要的是把自己的人生和工作都當成是藝術作品來創作的人才。

放眼創意經濟年代，創意人才顯然已經和「當責」這樣的特質畫上等號。Daniel Pink 認為，未來個人與組織都必須重新檢討自己的生存競爭力，問自己三個問題：

一、海外勞工是否比我更便宜？

二、電腦是否比我更快？

三、我的工作在富裕時代是否還有需求？

一般的情況下，大多數人在第一和第二題回答「是」的比率都很高，因為如果回答「否」的人或企業早已經無法生存，但是如果第三題的答案如果是「否」，那就是很大的危機。

在低廉的人力和原料成本之外，在優秀的高科技能力之外，高感性力和高體會力這樣能力的市場需求，仍然不斷升高。

比如美國的醫學院課程，正經歷二、三十年來的最大變革，醫學院學生需要修習「敘事醫學（narrative medicine）」，在電腦也具有診斷能力的今天，要正確診斷病情，就要能聆聽病人對病情的描述，同時培養觀察力。加州大學洛杉磯分校醫學院甚至安排了一系列住院體驗課程，讓學生模擬病患在醫院裡過夜，只為了讓醫學院學生體會病人的感受，建立同理心。

再以日本為例，日本政府正在改造教育體系，以培養學生發揮創意、藝術品味和幽默感。一般認為，未來日本最賺錢的出口項目將不是汽車或電子產品，而是流行文化。二次大戰之

後，日本的漫畫、卡通動畫、流行音樂、電視節目、偶像明星迅猛發展成勢力龐大的流行文化產業，由日本國內市場走向全世界，像 1960 年代的漫畫與動畫，1970 年代的影視市場及相關商品與玩具，與 1980 年代的日本電視節目。

甚至現在全球汽車產業的領袖都一致認為，自己正身處藝術產業，產品是藝術、娛樂和行動雕塑，也就是「裝了輪子的速度藝術品」。

這樣的情況，其實也反映在簡廷在過去三十多年來的事業歷程裡，表面上看來，建築產業是技術主導，安全第一、美感其次，但是能創造更大價值的，反而是創意和藝術性，這其實也是主題樂園這行業未來最大的挑戰。需要懂得科技的理性技術人，更需要懂人性的感性創意人。這也是豪門一直在尋找和網羅的人才，也只有這些人才能讓豪門走向下一階段的「想像力經濟」時代。

簡廷在認為不管時代和市場如何改變，有些根本且重要的價值是永遠不會改變的，他相信只要永遠保持一顆學習的心，就能不斷的與時俱進。而能推動每個人不斷學習的原動力，就是對自己負責的心態，那也是讓人和企業不斷成長的原動力。

3. 回首

簡廷在對於當責的解讀，可以用另一個故事來印證，這故事的發生地也和簡廷在關係密切。

2016 年 6 月 16 日，整整經歷十八年準備的上海迪士尼樂園開幕。Bob Iger 是當時迪士尼的 CEO，這是他半年來第十一次飛到中國，準備迎接一次功德圓滿的慶典，他也打算在這個任務完成後退休。

卻也在這時候，從美國傳來兩項消息，讓他面臨職場人生最重大的危機。先是奧蘭多迪士尼樂園附近的舞廳發生槍擊案，緊接著又傳來奧蘭多迪士尼樂園裡的沙灘出現鱷魚，咬走兩歲小男孩又把他溺死。

在 Bob Iger 所寫的自傳《我生命中的一段歷險（The Ride of a lifetime）》這本書裡，他回顧當時這些往事說，由於上海和奧蘭多有十二個小時的時差，消息的傳達非常有限又雜亂，讓人很難掌握事實情況。

當事情漸漸明朗化之後，他才驚覺危機比自己想的嚴重，像槍擊案的凶手曾經連續幾個月到迪士尼樂園徘徊，顯然本

來打算在迪士尼開槍，但是當天迪士尼因為舉辦活動加強了警力，所以找不到機會下手。而受難的兩歲小男孩父母也在媒體的包圍下，等待迪士尼給個交代和說法。

凌晨四點 Bob Iger 起床之後，決定自己公開發言，不透過公關人員或任何主管，一肩負起所有責任。同時他親自打電話給遇難小男孩的父母親，在道歉和安慰過兩人之後，他忍不住坐在床前掩面而泣。

幾個小時之後，習近平和歐巴馬都發來祝賀上海迪士尼開幕的電文，一場準備了十八年的慶典就這樣開始了。而和中國副總理汪洋、上海市長韓正一起剪綵的 Bob Iger 正是全場目光的焦點，但是他努力讓自己的表情看不出自己正處於生涯最大的危機之中。他心裡忽然出現和自我對話的聲音：「今天是喜氣洋洋的一天，也是我職業生涯中最悲傷的一天。」。

簡廷在的豪門公司負責了上海迪士尼許多重要的工程，包括全世界六個迪士尼樂園裡最大的城堡。他怎麼也沒想到，這個投注許多心血的地方，會成了 Bob Iger 人生中極重要的舞臺，在這裡一肩挑起挽救公司形象的責任。這些故事，也成了簡廷在解釋當責這件事時，極為特別的一次例證。

第七章
堅毅力：毅力是成功之母

「世人缺乏的是毅力，而非力量。」──雨果

1. 堅與毅

　　John Wooden 是美國籃球界的傳奇，他在世的時候曾經擔任高中和大學籃球隊教練超過四十年，帶領加州大學洛杉磯分校（UCLA）在十二年裡奪得十屆 NCAA（美國大學體育協會）球賽冠軍，被譽為「世紀教練」，而且六度被選為「年度國家教練」。

　　John Wooden 總是對球員說：「有所行動不一定有所成就。」他認為不管是在籃球場或任何領域，到處可見到許多很努力卻沒辦法成功的人，這些人也許真的很努力，卻沒有精準

的鎖定目標去思考和行動。

　　簡廷在認為，毅力是成功之母，是一種由強大的決心所造就的動能。這樣的動能可以讓愚公移開一座山，更能讓所有的不可能都成為可能。而毅力的來源，則是自我實現，讓自己能抬頭挺胸的面對世界。

　　花蓮海洋公園是簡廷在事業轉型的代表作，在這個作品之前，他只接過汽車旅館等中小型作品。接下這個任務的時候，他同時也明白，自己已經別無選擇，不管能力如何，要全力把這個作品做到最好。

　　事實證明，如果沒有經歷花蓮海洋公園的合作案，他也不會有機會參與威尼斯人的工程，更不可能在後來成為迪士尼的合作夥伴。

　　「那時我的心境是，即使下地獄都要把這個作品做到最好。」簡廷在說，更重要的是對自己的信心。長年以來，對各項管理工作細節的投入，他不斷的要求自己和團隊追求世界一流的水準和品質，任務量體的大小並不是問題。

　　除了決心和信心，更大的挑戰是如何造就團隊的使命感和責任感。這絕不是金錢和任何有形的誘因能解決的問題，能激

發人潛能全心投入的，是認知。

　　當一個人對一件事的理解從「工作」成為「使命」和「自尊」的時候，工作的動力就是願景和未來圖像，會明白這個作品一旦完成之後，往後的每一秒都會為自己的專業能力做廣告。未來的人生裡，更隨時可以驕傲的對每一位親友說自己在這個作品所投入的心血，也會記得和團隊一起併肩作戰的光榮歲月，這種快樂和滿足感，是再多錢也買不到的。

　　簡廷在總是對一起工作的同仁說，大家一起創造的，是當代文化創意的「大地雕塑」，這是超越任何單體建築的雄偉工程。在功能上，可以加值土地，讓土地的身價翻漲千百倍，兼具藝術性、娛樂性與實用性；在技術上，這樣作品的建造難度自然也大大超越一般，必須全方位的結合各種專業人才，從創意、藝術到各種軟硬體科技工程。

　　這樣的任務，對每一個參與團隊的人都是難得的機會，因為如果不是這樣的合作，每個人再優秀也都只能在自己的專業上發揮。而透過和不同領域的專業菁英合作，也會激發出更多的創意和靈感，讓自己的專業更上層樓。

　　透過這樣的解讀，簡廷在一次又一次的為任務賦予更多的

意義，也強化了自己和團隊的毅力，不斷通過更嚴苛的挑戰。如果沒有超強的毅力，是無法面對越來越嚴苛的產業環境與競爭的。

尤其是和國際大品牌合作的時候，對方始終要求零錯誤和零誤差，這怎麼看都不合理。一個作品往往需要上千個構件組合而成，每個構件在成型之前都會因為尺寸、造型和質材等因素而限制了精密度。甚至在組合的時候，千百個構件更要融合為一體，比例線條不能有任何的瑕疵。要達到這樣的水準，就只能不厭其煩的去微調磨合，同樣的工作往往需要不斷從頭來過千百遍。所以需要「**細心**」、「**耐心**」、「**恆心**」，這構成毅力的「三心」缺一不可。

經過簡廷在這樣的解說，團隊的態度也轉向正面，不再和計較細節的客戶品管代表針鋒相對，反而以正面的心態來理解，認為這些挑戰正是讓自己進步的動力。

特別是每一次工程完成之後，把鷹架拆下來的那一刻，感覺自己像是創造了一個完美的生命，如此的滿足而快樂。大家也更明白，如果沒有發揮毅力，就不可能走到這一刻。

不管在任何時刻，面對任何挑戰，放棄永遠是最容易的

事。只要時時記得自己下決心時的初心，持續咬緊牙關往前走，有目標、有方法的一直改善和創新，就能成功。簡廷在說，光是勤勞和堅持其實是不夠的，一項專業做得久，並不表示就做得好，各行各業都有很多資深的人，但是能出類拔萃的永遠是少數。

常聽到「十年磨一劍」、「一萬小時造就卓越」，其實更需要的是「刻意練習」，投入時間只能讓專業熟練，只有投入心思才能讓自己不斷的成長進步超越。簡單的說，毅力的具體實踐就是：「Working hard and working smart（聰明又努力的工作）」。

就像練習競技運動技能的時候，除了練習時要主動積極，還得要刻意觀察對手的優點和弱點，一直檢視假設和練習。認知心理學家認為，大腦發現有問題要解決時，會不停的改寫神經迴路，直到能以最高效率完成任務為止。這也是為什麼毅力如此重要，因為只有不斷產生堅持的動力，才能讓大腦不斷進步去提高效能和完成任務。

當大腦的邏輯效能越來越好，運作起來就會加速，任何一種專業學習到一定程度之後，一旦突破臨界點，就能執行得

越來越快。唯有熟習才能加速，神經迴路往往是先求正確再加強，速度和準確之間的理想平衡是「以準確無誤為條件盡可能的快」。

簡廷在對於毅力的體悟，除了給同仁的耳提面命，更是常常用來自我提醒。他相信，只要有堅強的意志力，就能建構出毅力，讓未來能走得更遠也更好。

2. 一萬小時和刻意練習

簡廷在所強調的「堅毅力」，可以從幾位知名的學者和作家的研究裡，找到許多相印證的洞見，Malcolm Gladwell、Anders Ericsson 都擁有各自不同與相同的理解。

Malcolm Gladwell 是美國指標性雜誌《紐約客（New Yorker）》的知名作家，他從 2000 年到今天所出版的每一本書，都登上紐約時報新書排行榜，每一本書也都在一出版就引起全球性的話題與風潮。

2008 年，他出版了《異類（Outliers）》，這本書所談的重

點是：「天才之所以卓越非凡，並非天資超人一等，而是持續不斷的努力。只要經過一萬小時的努力，任何人都能從平凡成為不凡。」依這樣的理論，一個人如果每天工作八小時，一週工作五天，那麼要成為某種領域的高手，至少需要五年的時間。

Malcolm Gladwell 提出的「一萬小時定律」，立刻引起各界熱烈討論。甚至有大腦科學家依他的理論去研究證明，說人的大腦確實需要這麼長的時間，去理解和吸收特定的知識或者技能，然後才能達到大師級水準。大腦就像一部需要花時間去成像的照相機，頂尖的運動員和藝術家以及任何專業，都至少需要花一萬小時去成為高手。也就是說，一個人的成就其實與智商無關，聰明但沒有毅力並無法成事，只有不斷學習和執行與修正才能造就完美。

也有人好奇，問 Malcolm Gladwell 一萬小時這個數字是如何算出來的？他引用心理學家 Anders Ericsson 在柏林音樂學院所做的研究，說學小提琴的孩子都大約從 5 歲開始，起初只是每週練習兩、三個小時，但是到了 8 歲之後，越優秀的學生練習時間越長，9 歲時每週練六小時，12 歲時每週練八小時，14 歲時每週練十六小時，直到 20 歲時每週練習超過三十小時，加起

來總共大約一萬小時。

Malcolm Gladwell 還以微軟公司創辦人比爾蓋茲為例，說他在 13 歲時開始接觸電腦學習程式設計，七年後就創建微軟公司，總共也大約花了一萬小時。而音樂神童莫札特在 6 歲生日之前，他父親已經指導他練習了三千五百個小時，所以他才能在 21 歲寫出成名作《第九號協奏曲》。

回到簡廷在的人生經驗，他從高中時期就開始接觸各種美術專業訓練，還沒退伍就已經創業，在工作裡接受長時間的磨練一直到今天。也許在每個大大小小的案子裡所扮演的角色不同，但是在長達三十多年的時間裡，他不斷和業界最優秀的人才一起工作，所累積下來的學習時間已經遠遠超過一萬小時。

「勤勞且長時間的工作和學習是必須的，更重要的是用心和用腦。」簡廷在說，發明家愛迪生曾說過，天才來自於 1% 的靈感加上 99% 的汗水，最重要的是那 1% 的靈感，力氣要用對方向才能產生成果。

關於「一萬小時」的理論，早在 1973 年就有學者提出。

1973 年，曾經得到過諾貝爾經濟學獎的學者 Herbert Simon，發表了一篇關於西洋棋大師與新手的比較論文。他發現

不管是新手或大師，在面對一盤棋的時候，記憶容量相差並不大。但是大師之所以能勝過新手，是因為經年累月不斷累積腦海裡的資料庫，也就是從經驗裡用心學習吸收，投入時間和心智才能成就卓越。大師能夠在記憶系統中存儲 5 萬到 10 萬個棋局，而獲得這些專業知識大概需要十年。這樣的思維也就如同簡廷在所說的，同時要投入時間與心腦。

2017 年，Malcolm Gladwell 在他書裡解釋「一萬小時定律」所引用的研究學者 Anders Ericsson 出版了《刻意練習》，在書裡直接說自己的研究被誤解。並且說明了「一萬小時定律」究竟有哪些問題，直接打臉 Malcolm Gladwell，也為一萬小時定律做了更詳盡的補充。

首先，對不同專業領域的技能而言，要有傑出成就的練習時間，並不存在一個一萬小時的最低值。根據 Anders Ericsson 的研究，專業演員需要 3500 個小時，記憶類專業甚至只要 300 個小時。練習小提琴的學生在 18 歲之前，花在小提琴上的訓練時間平均為 3420 小時，而優異的小提琴學生平均練習了 5301 小時，最傑出的小提琴學生則平均練習了 7410 小時。

此外，Anders Ericsson 也發現，成功與練習時間並不完全成

正比，天賦雖然在其中不起決定性作用，卻也會是一大影響因數。像心理學家 Steven Pinker 就認為，優秀科學家的平均智商都在 125 以上。同樣的，他在 1997 年一篇研究報告也指出，醫生、律師、會計的智商多數位於中上水準。而傑出運動員的身高和身材大都有一定水準，身體素質也不是時間和一般的練習可以提升的。

簡廷在認為，「一萬個小時定律」和「刻意練習」這兩種論述本質上並沒有衝突，都是強調長期專注的投入與思考創新，最重要的是掌握「**全心投入，不滿足於現狀，不斷進步**」和「**掌握時機，善用資源**」這兩個重點。

「全身心投入，不斷進步」指的是自我要求，每個人每天都會吃飯，從時間上來說肯定超過一萬個小時，可是能成為美食家的人並不多；每天都煮飯的人也不一定能成為好廚師；天天拿手機自拍或者拍個十幾二十年，也不一定都能成為優秀的攝影師。

所以一萬小時定律的關鍵必要因素是「刻意練習」，像很多人從小被父母逼練鋼琴，也許投入很多時間，卻沒有投入熱情，自然沒辦法練出成績。所以，除了「刻意練習」之外，還

要「全心投入」。

　　比爾蓋茲、巴菲特和賈伯斯，在各自的專業領域早就都投入超過一萬小時以上的時間，他們全心投入的去閱讀、思考、研究、實踐，才能有後來的成就。

　　「**掌握時機，善用資源**」談的是瞭解自己和彈性調整，人們常說：「活到老，學到老。」但是年紀越大，不管是記憶力還是學習力都會持續退化。比如就有研究發現，較早開始接觸西洋棋的孩子，往往比晚接觸的孩子棋藝更好。像寫出《明朝那些事兒》的當年明月，從 5 歲開始讀史書，而郎朗則從 3 歲就開始學琴。

　　然而年齡越大，蓄積的經驗和長期記憶也會更多，爆發力和速度可能比不上年輕人，但是精準度和耐力卻往往能創造更大的成就。

　　簡廷在認為，只要把握以上這兩個態度，再加上毅力與堅持，再困難的旅行也終能走到目的地。

3. 省思

　　如果要更進一步理解簡廷在所說的「堅毅力」，也許可以從人類一直努力想成功登陸火星的行動來思索。

　　「毅力號（Perseverance）」火星登陸車，由美國國家航空暨太空總署（NASA）研發製造，2020 年 7 月 30 日從地球發射，預計於 2021 年 2 月 18 日登陸火星。

　　「毅力號」將經歷長達七個月的飛行，行程超過三億英里，在火星傑澤羅隕石坑（Jezero crater）降落。這是一個距今約 35 億年的古老湖泊遺蹟，NASA 的科學家們認為，如果火星曾經存在生命，這裡或許能找到一些遺蹟。

　　這項耗資 27 億美元的火星探測任務，目的是探索火星上的礦物並尋找生命跡象，整個過程就是一次人類毅力的展現。

　　1964 年，美國發射水手 4 號探測器，是全世界第一個發射成功的火星探測器。1969 年，美國再向火星發射了水手 6 號和水手 7 號，1971 年水手 9 號發射升空，1975 年發射海盜一號，2001 年火星探測衛星奧德賽號發射，2003 年火星探測漫遊者發射，2005 年發射了火星勘測軌道飛行器，2007 年發射鳳凰號火

星探測器，2011 年發射好奇號火星探測器，2018 年美國洞察號成功著陸。經過一次又一次的努力，美國對火星的瞭解也越來越多。

NASA 認為，過去的火星探測器的名字包括了「好奇」、「洞察」、「勇氣」、「機遇」，唯獨缺少了以「毅力」命名的探測器，而毅力正是探索太空最需要且必須具備的特質，所以有了「毅力號」。

簡廷在認為，人類的文明之所以能不斷的進步，也是因為有了毅力這樣的推進器。一個人再聰明，如果不能用毅力來持續對目標聚焦和努力，是不可能有所成就的。

在當代企業家裡，Elon Musk 無疑是毅力人物的代表，他創辦了電動汽車及太陽能板公司「特斯拉（Tesla）」。2020 年 7 月，特斯拉的股價在十二個月裡由 224 美元上漲到 1208 美元，市值達到 2080 億美元，超越豐田（TOYOTA）的市值 2027 億美元，正式成為全球市值最高的車廠，市值甚至比福特、通用和德國福斯這三個車廠加起來還高。

Elon Musk 也創辦了發射火箭進入太空的 SpaceX，以及在加州洛杉磯地下建造隧道的 The Boring Company。這些事業是劃

時代的創舉，而他之所以能同時執行這麼多事情的關鍵，不斷的以毅力實現夢想，便是透過「時間管理」。他以五分鐘做為時間管理單位，要求自己快速大量的做決定和行動，他認為，要確信一切皆有可能，然後達成的機會就會增加。

長年來，Elon Musk每週工作超過80小時，他同時運營的三家公司聚焦於三個領域：氣候風險、對一個單一星球的依賴及人工智慧帶來的風險。特斯拉汽車公司、Solar City和The Boring Company 都致力於發展更環保的電動汽車，以減少氣候風險，而 SpaceX 探索太空，每個事業都是他超人般毅力所造就的。

Elon Musk 認為，地球早晚有一天會被一場大災難所毀滅，不管是受到外星球撞擊或是超級火山噴發，甚至核子戰爭或是一場超級瘟疫，這些風險永遠存在。所以他在 2002 年 5 月創立了 SpaceX，他希望在有人類居住的火星上走完自己的人生。

仔細分析 Elon Musk 在毅力上的追求與實現，有以下三大特質：

一、遠大雄偉的目標：高舉各種「不可能任務」的大旗，從無人駕駛的電動車到可以像飛機一樣發射又返回地球降落的火箭。這些任務難度越高，就越能吸引巨大的資源投入。

二、獨特的思維與行動：因為任務的難度太高，需要用非常的思維和手段來執行，所以也帶來許多爭議。但是這些爭議反而成為效果超級好的行銷招式，把公司和他自己的知名度拉得更高。

三、長時間的堅持與再修正：不達目標絕不停手，創業近二十年來，一直鎖定特定目標長時間的投入，並且在過程中持續修正創新。即使在投資人對他充滿質疑的時刻，他仍然信心滿滿的往自己想去的方向走。

同樣的，簡廷在面對每一次任務時，總是設定一次比一次高的標準，這樣才能把自己和團隊的潛能不斷激發出來。同時也永遠對美感和藝術性有絕不妥協的堅持，不厭其煩的和團隊溝通與說服，然後在這些前提下，咬牙誓死不退的往前挺進。

簡廷在說：「**只要堅持初心往前多走一步，就能看到更美好的風景。**」

第八章
創新力：不斷創新與革新

「只有創新才能造就企業和利潤。」──熊彼得

1. 創與新

　　1912 年，熊彼得出版了《經濟發展理論》，他也因為這本書奠定了「創新之父」的歷史地位，除了率先提出「創新」這個名詞，並且解釋對經濟發展的重要性，也預言了未來商業世界的百年發展。

　　熊彼得認為，產業革命的本質，就是不斷的破壞原有結構，並且創造新結構的過程，是不斷的「創造性破壞」，也是資本主義的本質。

　　「新組合」是熊彼得創新理論的核心論點，他認為這是最

常見也最容易的創新方式。不管個人或企業，只要不斷把自己能支配的資源，以新的方法組合，就能源源不絕的創新。但是有意義的創新，必須要能產生利潤和推動企業成長。

簡廷在認為，豪門的企業歷程經歷過三個階段的創新歷程，並且不斷以「新組合」的思維往前邁進。從最早的「創業期」到進入大陸市場之後的「發展期」，甚至到今天面向國際市場的「騰飛期」，每個階段都經過關鍵性的創新轉型。

在創業期，豪門原本的產品只有藝術匾額，技術難度看來並不高，和建築工程所需的水準看來有相當大的落差。簡廷在在服兵役時期，就一路從左營訓練中心、士校、澎湖基地到承包營區內福利社來推銷浮雕匾額。服完三年兵役之後，就在自家頂層加蓋的鐵皮屋，把這門生意不斷做大，而且能在極短的時間內，把自己的技術水準提升到能與建築公司合作，從為建築物美化外觀到打造汽車旅館。

之後再一路轉型，從浮雕到立體雕塑、擺飾品、藝術建築、別墅和汽車旅館的外觀創意設計。1998 年，打造了花蓮海洋公園之後，更受到國際的肯定與推薦。

到了發展期，從珠海出發，豪門又再一次的創新轉型。以

臺灣所累積的基礎，挑戰難度更高的主題樂園工程，無論在質或量的表現，都交出了漂亮的成績單，讓豪門成為同業裡的第一品牌。除了打造許多地標級的大地雕塑，也成為國際頂尖廠商的指定合作夥伴。

全世界六座迪士尼樂園裡，簡廷在參與了其中三座的主要工程，這樣的成就並沒有讓他停下腳步，他重新定位豪門，成為創造文化和智慧財（IP）的品牌。以三十多年如一日的耐心和毅力，不斷的學習成長，往全新的航向出發，立志為這個時代留下史詩級的文化紀念品。

簡廷在說，一直以來豪門的創新都沿著「**科技工藝**」和「**藝術文化**」這兩個軸線發展，而且這兩個軸線還必須同步並進，才能拉動產業所需要的創新。在建築產業裡，科技工藝所代表的是「機能」，藝術文化代表的是「形式」，「形隨機能（form ever follows function）」是永遠的鐵律，主題樂園產業更需要如此極致到位的實現。以想像力來拉動新的需求和競爭，更需要科技工藝來讓創意和夢想成真。

「生命尋找也形成它的形式，完美回應它的需求，看似永恆的是生命和形式絕對的合一而不可分離。」十九世紀美國芝

加哥學派的建築師蘇利文（Louis Sullivan）提出「形隨機能」的主張，從詩人惠特曼的美國文學傳統裡師法自然，為建築找到新的靈感。

簡廷在從科技工藝出發，建構最核心的自主性，在 1992 年投入國際工程開始，就致力於鑽研最頂尖的工法和材料，從 GRC、GRP 到 GRG 等多元材料的生產製造，從繪圖到設計、雕塑開模生產製造以及現場安裝，永遠挑戰最難的任務，也在這些任務裡不斷精進。甚至為了強化技術創新的能量，在公司裡長期編制研發團隊，這樣的作法除了展現強烈的企圖心，放眼全世界也難得一見。

有了良好的科技工藝能力還不夠，如果不能表現出藝術和文化，終究無法打造出有靈魂也讓人感動的作品。

知名作家 George Orwell 曾說：「誰控制了過去，誰就控制了未來；誰控制了現在，誰就控制了過去。」建築是時代的紀念品，從現在同時連接了過去和未來，不管位置、形式、尺寸與材質，都必須滿足對記憶文本的敘事性與可見性。什麼樣的時代就有什麼樣的建築，這些建築也忠實留下了一個時代的文化和精神面目。

　　以臺灣來說，從城門、公園、道路甚至到街道的名稱，這些元素都是歷史的產物，讓人在這些城市空間裡親身經歷了不同歷史記憶。

　　簡廷在認為，對臺灣而言，要打造能面向國際和未來的識別度，就必須建立具獨特性的品牌識別度（IP），這個 IP 來自故事也能說故事，他甚至為臺灣寫好了「生命之樹」的想像，做為打造代表臺灣精神的主題樂園的文本：

　　「四十六億年前，地球初生，陸海板塊運動擠壓碰撞，終於在六百五十萬年前讓臺灣島從海底凸起誕生。

　　臺灣島的生成有著許許多多的故事，故事中有億萬年的光陰歲月，也有地殼變動的過程。地質構造豐富，地貌多元，臺灣島其實有著在地質學家眼中罕見的驚世生命之樹。有幸生長在這裡的我們，怎能不對臺灣的生命之樹用心探究？

　　臺灣島生命之樹的誕生過程，也是一場無比精彩的演出。在地質學家經年累月的實地考察研究裡，臺灣島的身世漸漸出現端倪，這是一棵從臺灣島誕生到今天仍保存著的生命之樹。

　　一億四千萬年到六千五百萬年前之間，歐亞板塊與古太平

洋板塊撞擊，造成板塊從海底浮出，這是臺灣島生命之樹的肇始。億萬年連結萬物之靈保護，地靈人傑培育出無數賢達，人民生活樸實，愛惜生態，更有著保護環境的優良美德，守護著全球唯一的臺灣生命之樹。

　　從海底冒出的生命樹守護著臺灣，樹上茂盛的海底珊瑚樹葉密布，億萬年樹幹共生多種吉祥動物靈型，並由樹蕊鏤空傳出生命的靈氣分享智慧與健康。

　　億萬年來，萬物之靈守護著巨大的生命之樹，巍巍聳立有如宇宙裡的太陽，四周環繞五大星球，建構出宇宙創世紀故事穿越時空的場景。」

　　簡廷在說，一切的創新都該指向打造更美好的社會，這也是長久以來他所深信。自己的每一個作品都在帶動地方的發展，為人民和土地創造價值，以藝術與娛樂充實生活環境，打造更美好的世界。

2. 東方與西方

簡廷在對於「創新力」的理解，可以從日本學者野中郁次郎（Ikujiro Nonaka）對於知識的管理與創造研究中找到更多的連結。

野中郁次郎終身研究知識的創造與創新，被國際學術界譽為「知識創造理論之父」。他融合了東西方哲學，建構了一套既有東方特色又有西方元素的全球性知識管理理論體系。

1991年，他在知名管理研究期刊《Harvard Business Review》上明白點出，美國企業太迷信數據資訊所代表的「硬知識」，並引用日本企業如何從人的特質去創造「軟知識」，進而不斷創新求勝。這位現年74歲的日本國寶級學者，顯然一直堅定相信：「**只有瞭解人性，才能造就有意義的創新。**」

不管在學術界或企業界，只要想談「知識管理」和創新議題，沒有人能跳過野中郁次郎。他的理論和發現打下了當代知識管理的地基，他的著作除了得到美國出版者協會的「最佳管理圖書獎」，也被大前研一讚譽為「日本有史以來最重要的管理學著作」，策略大師麥可波特更說他所研究探討的是「真正

意義上的管理前沿」。

「好的領導人需要具備詩人的特質，把複雜抽象的理念轉化成簡單具象的口號和行動。」野中郁次郎說，詩人對情感的敏銳和絕佳的隱喻能力，是領導人進行溝通時最需要的。

野中郁次郎說，就像高級餐廳裡的侍酒師能感受細緻的味覺並且精準表達出來，幫想喝酒的客人找到適合的好酒一樣，這些侍酒師和詩人一樣都具有過人的感受力和溝通力，也是管理人和領導者很重要的能耐，理性和感性兼備，是藝術家也是科學家。

他認為，像豐田、本田、佳能這些知名的日本企業，甚至已把這樣的特質轉化成企業文化，以感性來產生信任，以信任來整合有價值的經驗並產生知識，再促使這些知識在組織內流動分享並驅動創新。他說：「在企業內，所有的知識和人都不會有意義的，除非有了信任，只有相信能產生力量。」

野中郁次郎也認為，企業光是創造知識是不夠的，更需要創造智慧，用智慧來拉動公司內的知識，再繼而由知識拉動資源，這樣才能讓公司不斷經歷挑戰而成長，因為企業競爭永無止盡，所以創新也必須生生不息，要讓智慧成為創新的引擎，

這樣公司才能可長可久，一直走在真善美的經營方向上。

　　長年觀察日本大企業的知識管理活動，野中郁次郎認為，「知識場」的營造對於創新有相當重要的意義，所謂的「知識場」並不是指特定的空間或硬體，而是一種意象，指的是知識創造和流動的場域，像是小酒館、溫泉旅館，甚至是網路和每個人電子郵件所串連起來的空間。

　　他指出，許多日本企業在啟動跨部門的大型合作案時，專案領導人都會刻意把來自各部門的重要幹部帶到遠離公司的溫泉旅館三、四天，讓所有的成員不被打擾，也不能落跑，以專心溝通彼此對專案的想法。

　　他說，通常第一天都會是吵翻天的局面，但是在最後一天卻往往都能順利凝聚共識，在這樣高密度的相處下，專案的成員們都能聚焦在任務上，以公司利益來討論和交流，甚至可以和原來不喜歡的人有高效率的合作。他說，在喝酒、泡湯的時候，人的情緒和肉體都是赤裸裸的，也是交流情感建立信任最好的時機。

　　野中郁次郎談的是知識和管理，但是關注的焦點始終是「人」這個字，他不斷強調人的價值和多元性，這樣的洞見也

造就了他知識管理大師的地位。

　　以野中郁次郎的理論來解讀豪門在不同階段的創新，可以發現有些經驗不謀而合。比如他認為領導人的特質是把抽象的理念轉化為具象的行動，這也一直是簡廷在所扮演的角色，總是能把廠商的想法解釋給公司同仁明白，再落實成作品。

　　而野中郁次郎認為，創新源於有效精準的管理與運用知識，所以他提出「內隱知識」和「外顯知識」這兩種。外顯知識是有形的，可以用文字、數字甚至圖形來表達，易於溝通和學習掌握。而內隱知識則是內含於個人心中非具體的主觀經驗，比如思考模式、價值信仰與認知，無法用任何方式具體表達，只能意會不能言傳。

　　而豪門公司的創新，往往都必須同時處理這兩種知識，扮演文化和知識的橋梁，既要處理文件資料這些顯性知識，也要能運用各種內隱知識，比如與客戶該如何溝通的細節。西方企業習慣透過教育訓練來傳遞知識，但是對東方企業而言，最重要的知識卻是不可言說的。這也是為什麼長期以來，在每一次國際合作的大工程裡，豪門總能扮演不可或缺的角色。

　　以野中郁次郎的「知識螺旋」理論來解讀，豪門公司的創

新，得力於以下四種力量的持續流動，讓四種知識能效的交互移轉與創造：

一、社會化（Socialization）：人與人之間的內隱知識分享，讓內隱知識和內隱知識的交流，產生情緒的認同與連結。

二、外部化（Externalization）：透過對話交流，具體表達內隱知識，再把內隱知識轉化成外顯知識。

三、結合（Combination）：把各種內外部的外顯知識結合，再和現有的知識混合，不斷擴大知識的基礎。

四、內化（Internalization）：不斷吸收新知，把外顯知識變成企業的內隱知識，在自然而然中就能隨手運用。

以上這四種方法，不只是豪門公司長年來的創新工具，也是許多知名企業多年來在創新時所仰賴的無上心法。

3. 倉與刀

在中文的世界裡，「創」這個字是由「倉」和「刀」兩個字所組成。

「倉」代表的是個人或創業所累積的資源和底蘊，「刀」代表求新求變的決心和能力，如果擁有強大的資源底蘊再加上求變的決心，自然能產生強大的動能。

在商學院裡，有兩個創新故事一直被流傳著，儘管時日再久遠，總是被人津津樂道。

第一個是關於松下（Panasonic）公司的創新故事。

1985 年，日本松下電器公司正在研發新一代的家用製麵包機。儘管投入無數心血，試作了好多遍，麵包皮卻總是烤得太焦，而麵包裡面竟然還是生的。研發團隊不斷分析問題，甚至動用 X 光機來拍照，以瞭解麵包機和專業麵包師傅揉出的生麵糰有什麼不同？卻始終找不出為什麼麵包總會烤壞掉。

最後，軟體開發師田中鬱子（Ikuko Tanaka）想出一個妙招，她刻意跑到最高級的麵包店當學徒，向首席麵包師傅學習揉捏麵糰的技巧。她發現，麵包師傅用拉展生麵糰的方式和機器完全不同，田中於是和專案工程師合作，讓機器學會麵包師傅拉麵糰的手路，也打造出史上最暢銷的製麵包機。

第二個是關於本田汽車（HONDA）的創新。

1978 年，本田公司啟動新概念車開發計畫。當時本田高層

認為，喜美（Civic）和雅哥（Accord）這些車型已經太老舊，而新一代的產品設計師也需要舞臺，以發揮能突破傳統的創意。

於是組成了一個平均年齡二十七歲的研發團隊，由年輕工程師和設計師來開發新產品。這個團隊被交付了兩項要求，第一，要做出以前沒做過的產品；第二，設計出來的車不能太貴，也不能太便宜。

專案團隊領導人渡邊浩則（Hiroo Watanabe）提出了一個概念：汽車進化論。同時以一句口號來解釋這個概念：「人極大化，機器極小化（man-maximum, machine-minimum）。」認為新一代的汽車應該設法超越傳統的人車關係。但是這樣的理想卻和汽車市場長期以來的「底特律法則」相斥，一直以來的汽車設計，總是為了追求外觀而犧牲舒適。

最後本田研發團隊設計出一輛又短又高的車，一點都不像印象中的汽車。這款汽車比傳統汽車更輕、更便宜，也更為舒適和堅固，但是外形能不能被市場接受，仍然是個未知數。這款車提供乘客最大的車內空間，卻占用最小的道路空間，這部車就是後來銷售得相當好的新一代本田 CITY。

以上這兩個知名的創新案例也像是兩面鏡子，映照出企業

創新的「三現原則」：

一、體驗現場：如同松下公司的研發人員，為了瞭解如何做出好麵包，走進麵包店觀摩學習；本田汽車的研發人員把眼光投向道路，而不只是關在實驗室裡。

二、瞭解現物：在現場觀察所有的人和物，松下研發人員發現了麵包師父製作麵糰的祕方，本田研發人員則明白了駕駛人對大空間的需求。

三、找到現實：從現場找到需求之後，再從需求找到解決方案，如同松下研發出新一代的麵包機，本田研發出新一代的汽車。

這樣「**現場**」、「**現物**」和「**現實**」的三現原則，也一直是簡廷在帶領豪門創新的利器，接下每個案子之後，他永遠是工地裡最早到也最晚走的人。

因為他知道，所有的創新機會都在現場裡。

第九章
夢想力：有夢最美，勇於追求

「不要懷有渺小的夢想，它們無法打動人心。」──歌德

1. 夢想

　　簡廷在一直是個有夢想的人，回顧過去，每個人生階段對夢想的認知都不一樣。

　　未成年之前，他的夢想是脫貧，因為家裡實在太窮，窮到連寒門都說不上，整個家根本沒有門。1956 年，出生在有七個兄姊的貧寒家庭，哥哥、姊姊們一個個都早早就輟學去工作，全家人飽受勢利眼親友們的欺凌，簡廷在從小立志要以自己的力量站起來，他相信老天是公平的，只要努力學習和工作，就能有一番成就。

　　成年之後，他的夢想是創業，靠著腦力、毅力和勞力，經歷數十年的打拚，終於打下一片天。從臺灣到大陸到全世界，他和豪門的名字成了全球主題樂園產業的金字招牌，打造了最受矚目的作品，也以這個基礎跨入了想像力產業。

　　主題樂園產業是娛樂產業的火車頭，也是想像力產業的核心引擎。在二十世紀之前，全球娛樂產業的火車頭是電影，整合了文學、美學、商學等不同領域的人才。而放眼二十一世紀，主題樂園產業早已取代了電影產業，不管在商業模式創新或獲利能力都不斷的翻新，持續結合更大量的建築與各種科技資源，甚至成了育成內容產業的超級 IP 平臺。

　　中國是快速崛起的主題樂園王國，全世界前十大主題樂園有四個在中國，目前中國的主題樂園已超過四百個，總營收超過四千億人民幣。放眼未來，站在風口上的簡廷在信心滿滿，他相信整個世界都會是中國主題樂園產業的市場。

　　面對這樣大江大海的時代，簡廷在的夢想是整合。他知道，要成就如此雄偉的格局，最需要的是聯合作戰，海納百川連結各行各業的人才，只要能讓更多人一起來作夢，實現的夢想會更動人、更大格局。

　　長隆集團董事長蘇志剛是簡廷在多年好友，兩人也多次合作。從他身上，簡廷在學習到對夢想的全新理解，明白夢想力的重要和該如何實現夢想。過去，他一直覺得夢想只是不斷的努力和奮鬥，但是蘇志剛和長隆的經驗告訴他，讓越多人一起來夢想，為這個大夢全力付出，並且共用成果，才是夢想這件事最動人的力量。

　　2020 年 4 月，全球疫情處於高峰，百業蕭條，主題樂園的龍頭迪士尼集團宣布暫時凍結旗下十萬名員工薪水，以節省每月五億美元的開支，降低疫情所帶來的壓力。

　　但是長隆集團卻能在這樣的風雨中屹立不搖，一切如常運轉，因為有健全的財務基礎在支援著。以長隆在番禺所擁有土地為例，這本來只是一塊未經開發的素地，但是在長隆主題樂園開發之後，素地馬上成了不斷快速增值的黃金地。根據房地產專業人士估量，這塊地的身價在過去二十年來至少成長了百倍以上。

　　簡廷在認為，長隆是一個敢做夢也能實現夢想的集團，最核心的能力是「跨界整合」，結合各界的人才一起追夢。當夢想越來越大，需要的資源自然也越來越多，而要說服各方合作

夥伴投入夢想最好的方法，就是分享願景和利潤。

如同當年長隆要開始發展主題樂園事業的時候，就說服了銀行成為合作夥伴，有了雄厚的資金當後盾，就有更多實現夢想的能量。

一直以來，銀行總習慣把企業當客戶，很少能成為股東來共同分擔風險和利益。但是蘇志剛卻能以格局遠大的夢想來說服，這也對日後長隆的發展增加了許多能量。銀行是最善於計算風險的行業，連銀行都願意投資的事業，自然能吸引更多的投資人來合作。

長隆在廣東的荒地之中打造出巨大價值，也拉抬了在地的經濟，簡廷在認為，這樣的成就，甚至超越了美國賭城拉斯維加斯。

十八世紀初，拉斯維加斯被稱為「死亡山谷」，也是當時的西班牙商人前往洛杉磯的必經之路，由於路途崎嶇，沿途都是寸草不生的沙漠，許多人都死在這旅途上。後來有人在這路程中發現一處野草茂盛水源充足之地，就命名為 Las Vegas，西班牙文的意思是「肥沃的草原」。

1930 年，拉斯維加斯的人口只有五千人。但是在 1931 年之

後，人口突然激增。1931 年，內華達州通過賭博合法化，短短一個月的時間裡，拉斯維加斯發出了六張賭博執照，到今天這裡已經有一百三十多萬人居住。二次大戰之後，美國國力到達巔峰，在拉斯維加斯所投資興建的現代化酒店陸續出現，並且為了吸引全球遊客，還請來世界各國一流藝人做定期表演，如今已成為美國的娛樂產業中心。

今天的簡廷在，正面對一場人生未經歷過的大夢，除了從過去的基礎出發，把公司的服務方向延伸到創意和設計的 IP 產業領域。他公司所在的珠海，也正處於粵港澳大灣區的中心點，這個被視為推動中國經濟的強力引擎，是由圍繞珠江三角洲地區的城市群組成。包括了廣東省九個城市：除了廣州、深圳這兩個副省級市之外，還有珠海、佛山、東莞、中山、江門、惠州、肇慶七個地級市，以及香港與澳門兩個特別行政區。面積高達 5.6 萬平方公里，人口超過七千萬，是中國人均 GDP 最高、經濟實力最強的地區之一。

大灣區的經濟總量占廣東省的百分之八十五，是排名在美國紐約都會區、美國舊金山灣區和日本東京都市圈之後的世界第四大灣區。這四大灣區也構成了全球商業市場的未來藍圖，

各行各業的人才將在這四個灣區裡交流往來，共同創造一個個目前還難以想像的大夢。

「未來，全世界最菁英的資源都會匯集到大灣區來，不管是人才還是資金，只要有實力，就能得到各種合作機會。」簡廷在信心滿滿，像是感覺到自己人生下一個大夢即將再次到來和成真。

2. 逐夢

Yuval Noah Harari 是以色列希伯來大學的歷史學家，他在 2014 年所寫的《人類大歷史》，到今天在全世界已經銷售超過兩千萬本，除了被翻譯成五十六種語言，也被歐巴馬和比爾蓋茲譽為菁英必讀的超級大書。

《人類大歷史》這本書以四部分來描述人類歷史的發展過程，從七萬年前的認知革命，讓人類能想像不存在的事物，也讓陌生人開始合作建立組織。到一萬兩千年前的農業革命，讓人類有更多渴望和更多生產，以及五百年前的科學革命帶來快

速進步，讓人類擁有神的力量，導致全球大一統、人類大融合。Harari 認為，這一切的產生，都是因為七萬年前的認知革命，人類的基因突變催生了這場革命，也讓人這種動物有了夢想的能力。

Harari 說，人類本來和地球上絕大部分的動物並沒有什麼不一樣，甚至是所有動物裡最沒有生存能力的。鳥能在天空中飛，魚能在水裡游，人類跑得沒有老虎、獅子快，怎麼看都不可能活到今天。但是經歷了七萬年的奮鬥之後，人類竟然能成為食物鏈最頂端的生物，還創造了巨大的文明。這些不可思議的劇情之所以出現，是由於基因突變改變了人類的大腦，於是造就了認知革命。

認知革命的意思就是徹底改變認知，讓人類對世界的一切有完全不同的認識，而且有別於其他生物。像猴子看到老鷹飛在天空的時候，會用自己的語言警告同類，趕快找地方各自躲起來求生。人類卻會採取不同的認知和反應，把老鷹的來臨看成是機會而不是危險，不只不會躲老鷹，還會想辦法合作把老鷹打下來烤來吃。

這種認知能力也正是造就人類不斷進步的原動力，用正面

思考來解讀一切的挑戰，想像不存在的硬軟事物，而且想辦法讓這些事物出現。從無到有、從虛到實，這就是夢想力，去挑戰未知和未來。

簡廷在的事業發展過程中，每一次的飛躍成長，也都是由夢想力所驅動，面對越巨大的挑戰，他越勇於嘗試。因為他知道，只要敢往前多走一步，不管成與敗都能更接近成功。

就像他在 1992 年決定把事業重心移到大陸，1997 年接下花蓮海洋公園的工程，更在 2012 年之後陸續接下澳門威尼斯人、新加坡環球影城、香港海洋公園二期、香港迪士尼樂園拓建工程、美國加州迪士尼樂園、長隆海洋王國和上海迪士尼這些別人眼中不可能的任務。他其實知道這些夢想背後，都包含了「危」與「機」，越大的冒險通常表示越大的機會與成就，為了尋找天堂，他即使下地獄都願意走一趟。

以 Harari 對人類認知革命的分析來解讀，簡廷在實踐夢想的歷程，也可以對應到以下三個步驟的經驗：

一、故事領航

　　經歷認知革命之後，人類可以編織出可共同分享的故事，用這些故事當成夢想的手稿，這通常也是夢想的最早開端。例如《聖經》的創世紀故事和每一場革命之前所描繪的願景主張，甚至部落和國家都是這些故事的產物。比如孫中山要啟動革命之前，會想像出建構一個理想國家的故事，再用這些故事來激勵人心，並集結人力、物力來向目標前進。

　　這種討論和構思的能力，創造出擁有數萬居民的城市和人口億萬的國家，任何人類史上一場大規模的合作也都是以此為根基，都是靠集體想像中的故事來牽引，宗教和國家的故事都是如此。讓兩個從未謀面的天主教徒，願意一起加入十字軍東征；也讓兩個互不認識的塞爾維亞人，能冒著生命拯救彼此。

　　簡廷在構思和訴說的能力，也是推動每一場夢想的基礎，他總會很明白的告訴同仁每個案子對豪門的意義，說清楚為什麼要不斷離開舒適圈，不去重複過去所熟悉的工作與人生。並且詳細的說理，把同仁的不解和不滿一一消解，讓大家明白，講究細節的客戶，除了可以提升豪門的能力，也會吸引同樣的優質客戶來合作。

二、集體想像

　　人類的一切，其實都是一種集體想像。就像一家公司的創辦，只要遵循法令所規範的條約，在條約紙上簽上負責人的名字，一家公司可以就此出現。即使後來公司的工廠、辦公室和員工都消失，經營團隊解散、股東把股票全部賣掉，在法律上，這家公司還是存在。但如果司法部門下令把公司解散，即便工廠、員工、股東都還在，這家公司也等於消失了。

　　這種「想像的現實」也意味著，只要大家具備共同的信念，即使這些信念存在於大家共同想像的認知裡，一旦這種集體的認知形成，就有可能把想像化為真實。因為這樣的想像，會帶領所有人朝著共同的方向前進，只要人夠多，甚至能改變世界。就像賈伯斯帶領消費者不斷想像，這個世界的電腦和手機產業最後也完全改變。

　　簡廷在也有很多帶動集體想像的經驗，因為每一次的挑戰都無法複製，更沒辦法用過去的做法來執行新的任務，所以他必須不斷的尋找和結盟各種領域的專業人才，並且把這些專業人才凝聚成一個團隊一起工作。而每一次任務結束時，他也總會對團隊說，這是下一次任務的開始，這樣來帶動大家再一次

的集體想像，其實也等於是開始在建構下一次的團隊。

三、文化選擇

　　人類的合作，一直是以虛構故事為基礎，只要改變故事，就能改變合作方式。這使人類能依據需求迅速調整思想和行動，靈活自由的進行各種「文化選擇」。比如 1798 年法國大革命之後，法國人對政治的認知就在一夕之間改變，從「君權神授」變成「主權在民」；而德國在短短一百年的時間裡，也經歷了王朝、威瑪憲法共和、納粹、共產和民主與統一等不同的政治制度。

　　以上這些，其實都是一種文化選擇，透過溝通與認同，把一群人的思想和生活方式完全改變。這些改變也把人的行為和能力框架在一個活動範圍內，重新定義是非善惡，這些對於是非善惡的認定，正是文化的核心。新的文化一出現，就會開始改變和發展，而且會持續一些時間之後才轉向新的文化，這些改變的過程就是歷史。

　　過去三十多年來，簡廷在也帶領豪門經歷了多次的文化選擇，從最早的在家裡頂樓鐵皮屋開始經營匾額生意，到後來進

入建築產業再跨足主題樂園產業，甚至到現在走向更高端的想像力產業。從打造有型的建築物，到打造無形的 IP 智慧財產，他一直帶領所有人重新想像，想像豪門要在將來成為一家什麼樣的公司。

透過「**故事領航**」、「**集體想像**」和「**文化選擇**」這三個步驟，簡廷在一次又一次的想像和行動，也不斷的用想像力重新打造豪門。

3. 圓夢

沒有人會懷疑，亞馬遜公司的創辦人 Jeff Bezos 是個靠夢想致富的男人。

1994 年創辦了亞馬遜，今天的身價是 2020 億美元，也是全世界身價最高的富豪之一。Jeff Bezos 是電子商務的開先河者，除了創辦了網路世界最早的電商平臺，也一直引領著電商世界最前沿的技術和商業模式。

創業二十多年來，他的事業夢想吸引越來越多的資源，豐

沛的資源讓他不斷的創新求勝，也因為這些成功，讓他的夢想越來越大。

到底夢想對 Jeff Bezos 的意義是什麼？該如何才能實現夢想？二十多年來，他為什麼能戰無不勝？

2016 年，Jeff Bezos 寫了一封信給股東，表面上看起來是向投資人報告，但是某種程度上也是向社會大眾說明了亞馬遜的經營理念和企業文化。

這封信的一開頭，Jeff Bezos 說，有員工曾經問他：「第二天是什麼？」

「第二天就是停滯不前，用戶開始覺得你可有可無，接下來就是難以忍受的痛苦的衰退，最後導致公司敗亡。」Jeff Bezos 這樣回答員工。

從創業的第一天開始，Jeff Bezos 就把自己辦公的大樓取名為「第一天（Day1）」以警惕自己和所有的員工，永遠保持創業的初心，即便現在亞馬遜已經是全球電商的領導品牌。他想要永遠讓公司維持「第一天」的動能，永遠在第一時間做出正確的決策。這對一家已經創辦二十多年的大企業是很不容易的事，但是如果不能達到這種境界，就無法在競爭激烈的網路產

業生存了。

Jeff Bezos 認為，要讓企業永遠停留在「第一天」的創業心態，就必須做到「**客戶第一**」、「**去形式主義**」、「**擁抱趨勢**」和「**快速決策**」這四個原則。

「客戶第一」，就是以客戶為中心，不斷滿足客戶的要求，甚至超乎預期。「去形式主義」，是要直接掌握客戶的需求，而不是依賴外包合作單位。「擁抱趨勢」，是永遠要掌握產業風口，跑得比對手更快。「快速決策」，則是要把決策做得又快又好，質和量都要兼具。

這封 Jeff Bezos 在 2016 年寫的信，在今天已經成為許多企業領導人必讀的文件之一。在全球投資人的心目中，亞馬遜一直都是企業管理的優良典範，從 1994 年創業以來不斷成長，持續探索新市場和新科技，甚至安然度過 2000 年和 2008 年兩次網路泡沫化和大崩盤。

事實上，簡廷在經營事業的想法，也和貝佐斯不謀而合，創業三十多年來，他永遠把豪門定位在「第一天」的公司，並且謹守那四大原則。

不管是大小工程，簡廷在的態度永遠一樣，客戶第一，不

斷追求完美。因為這些客戶的委託，也是他和公司同仁共同創作出來的作品，所以即使客戶都已驗收確認，他只要覺得能更好，甚至不惜打掉重做。

對於作品的每一個細節，簡廷在也總是反反覆覆不厭其煩的耐心打磨，絕不假手他人，不管案子再大、要照顧的方方面面再多，也總是堅持要看到仔細。

至於產業風口上的新技術，不管是材料或工法，他永遠超前部署去掌握，不等客戶開口就做好準備。公司所有的決策，無分大小，他也總是立即裁定處理，同時在第一時間執行。

對簡廷在而言，夢想絕不只是浪漫的事，更必須劍及履及的去快速落實。否則，再美的夢想如果不能實現，最終也只是空談。

第十章
團結力：團隊的魅力，團結無所不能

「天時不如地利，地利不如人和。」——孟子

1. 共識與共事

　　簡廷在認為，一個好的團隊必須具備三個一致：「**目標一致**」、「**觀念一致**」以及「**共識一致**」。

　　一般企管理論對於團隊的解釋往往只是「擁有共同目標並且一起工作的一群人」，但是簡廷在說，如果沒有共同的理念和共識，即使團隊裡的每個人能力再強，都沒有辦法合作出好的成績。

　　所以更需要的是共同的觀念和認知，有共同的觀念才能凝聚。當一個團隊有了共同的理念，每個成員就會認同彼此。

　　而有了共同的認知，才能珍視彼此的價值。每一個好團隊，都是這樣由共同的「目標」、「觀念」與「共識」所打造而成，落實成具體化的行動，就是紀律，對於任何的任務都要全力以赴的去達成。

　　在豪門公司裡，展現團隊精神的是一句話，這句話也具體的打造了豪門團隊。

　　「Yes yes ,no yes」每一次任務裡，簡廷在總會不斷向同仁重複這句話，要求所有人對於任何指令都只能說 YES，也只有這樣的態度，才能一次又一次完成不可能的任務。

　　三十多年來，簡廷在和許多國際一流的團隊合作過，最讓他印象深刻的是迪士尼團隊。迪士尼團隊有許多想法和做法都相當創新，從團隊建構到工作文化，都與其他同業大大不同。

　　主題樂園以創意為核心，照理說應該是最沒有框架和限制的想像力，想像力越強才能有好點子做出好作品。這樣的氛圍看來和紀律與執行力多少是相抵觸的，創意需要自由自在、天馬行空的去發揮，自然不該受任何框架的限制。

　　但是簡廷在認為，要打造一座好的主題樂園，就必須把創意和紀律這兩件事同時做好，才能為遊客同時帶來有品質的娛

樂和安全，這件事他從與迪士尼合作的過程中有不少學習。

迪士尼團隊是專案型團隊，遇到有專案需要才會組成，團隊裡分成兩種成員，一種是核心人員，一種是外聘人員。

核心人員通常擁有不同的專業，這些專業人才大多是迪士尼公司的骨幹，主要工作是管理。外聘人員的工作主要是實務技術，這些人員大多是工程背景，負責執行工作，多半是接受迪士尼委託的各種外聘案。

簡廷在發現，迪士尼團隊的內部有許多微妙的組織和管理設計，目的都是為了不斷的超越自我追求完美。為了達成這樣的目標，迪士尼的工作文化，早早就設定了很清楚的原則，在每一個專案所投入的「管理成本」遠遠大於「工程成本」，因為品質永遠是被管理和要求出來的。

在迪士尼，一個管理人員的薪水，往往超過一般工人十倍以上。這家公司顯然認為，知識永遠是最重要的資源，有知識才能善用各種資源。

簡廷在說，人是由心所驅動，只有掌握心的需求，才能有效的組成團隊，並且發揮團隊的能量。像迪士尼這家公司之所以永遠能找到最好的人才，除了好的待遇，更重要的是這些人

才都以能為迪士尼工作為榮。

　　這樣的榮譽心也激發了大家主動工作的意願，而不只是為了薪水工作，有形的報酬只能讓人為錢工作，榮譽感才能讓人由心出發工作，而且會使盡全力把這份工作做好。

　　很多人就是被這樣的榮譽感所吸引，知道進豪門之後除了能學習成長，也能成就不凡的作品，對於日後個人事業的發展有想當正面的助益。

　　「每個團隊都是由個人組成，當一個團隊裡每個人都能有榮譽心，就會建構出人人追求完美的工作文化。」簡廷在說，團隊之所以成為「真正的團隊」，並不是由任何外在的力量所刻意驅動塑造，而是由每個人打從內心認同對公司和任務的價值的時候，很自然就會生出一種基於共識的認同和凝聚力。每個團隊都一樣，先有共識然後才能共事。

　　對簡廷在而言，**團結力**是一個團隊最重要的核心能力，因為最完美和最困難的作品永遠是下一個，他永遠在追求更新的挑戰，需要的是不斷進步成長的鋼鐵部隊。

　　接下上海迪士尼工程之後，簡廷在以公司兩百多名同仁為核心，組成了一個八百多人的工作團隊，但是工期卻不到一年

半，本來預估的工期是三年左右，可以想像當時所有人的壓力有多大。回顧這個不可能的任務，簡廷在認為之所以能順利完成這個讓每個人自豪的作品，是因為三件事：

一、激勵共識

在工程即將開始之前，簡廷在誠懇的和全體同仁溝通，說明這個案子對大家的意義。他有感而發的說，這不只是千載難逢的機會，絕大部分人一輩子也都碰不到一次。迪士尼公司創辦近一百年才打造了五座主題樂園，大家何其有幸能一起來打造第六座，這樣的認知也讓所有同仁對這個機會格外珍惜。

二、良性競爭

為了讓八百人團隊能更有效的合作，並且發揮高度工作效能，簡廷在特別設計出「競合制度」來激發所有人的潛能。先把整個工程有結構次第的分成不同的專案，每個專案都讓三個團隊一起去做，不斷的汰換表現最弱的團隊。同時更規劃各種即時獎勵方案，只要有傑出表現便立刻公開表揚並獎勵。

三、變相加薪

　　遇到資源有限又具挑戰性的專案，簡廷在反而逆向思考的告訴同仁，這是個可以幫自己加薪的好機會。只有每個團隊的完成進度超前，就能拿到更多新的專案，也可以領到更多獎金。這樣的文化也被落實到最基層，每個人除了可以得到合理的薪資，只要肯努力，就能不斷為自己創造收入，形塑很正面的團隊工作文化。

　　簡廷在說，有壓力才會有實力，而團隊可以讓每個人不斷的面對更大的壓力。這些面對和超越壓力的過程，才能讓個人和團隊不斷成長。

2. 管理哲學

　　簡廷在的管理哲學，看來是由兩條軸線交集而成，垂直的軸線是「**心法**」，水平的軸線是「**方法**」。

　　「心法」指的是觀念和態度，他要求紀律與執行力；而「方法」指的是造就紀律與執行力的工具。這樣的架構正如同

Charles Handy 所說的「文化合宜論」，讓管理文化有機融合，並且以文化帶動管理，再以管理發展文化。當一個團隊的文化形成之後，每個成員就會自動融入這個文化裡，組織的有機智慧與自動管理機制也就自然而生。

Charles Handy 被譽為全球最偉大的管理思想大師之一，1932 年出生於愛爾蘭，從牛津大學畢業後，進入殼牌石油公司擔任高階主管。之後在麻省理工學院的史隆管理學院學習並進行組織研究。1967 年參與創辦了倫敦商學院，被譽為繼彼得杜拉克之後的管理學權威。

Charles Handy 在他的文化合宜論中，提出「四種管理文化理論」來詮釋管理這門藝術。這四種管理文化分別是：宙斯式管理文化、阿波羅式管理文化、雅典娜式管理文化和狄厄尼梭斯式管理文化。把這四種管理文化用來和簡廷在的管理哲學對比，可以發現兩個人對於人性的洞察和管理制度的設計，有許多共同的看法。

一、宙斯式管理文化

　　Charles Handy 認為，宙斯是希臘神話裡的眾神之王，宙斯式管理文化就是權力文化，也就是強調紀律和完全的服從，以責任和權力做為組織的文化核心。簡廷在帶領團隊的時候，永遠強調紀律，任何的任務都要全力以赴去達成，對於任何指令都永遠只有「YES」這個關鍵字思考。

　　Charles Handy 認為，宙斯式管理文化的結構，是由各種權力所交織成的蜘蛛網，權力中心正是企業領導人，整個組織藉由成員間的相互信任進行管理。這也如同簡廷在所認為的，團隊必須建立在共識和觀念一致的基礎上。

二、阿波羅式管理文化

　　這種管理文化和宙斯式管理文化最大的不同是，不是以權力為中心，而是以角色為中心，建構出團隊裡的「角色文化」。如同阿波羅所駕的馬車由許多匹馬所拉動，也如同阿波羅神殿由許多支柱所建構，這樣的管理文化講求的是部門之間的協調與競合。

　　如同簡廷在以「競合制度」來激發團隊能量，把任務先分

成不同的專案，每個專案再讓不同的團隊一起做，彼此不斷競爭的同時，也以獎勵方案和總體控管來嚴格要求作品品質。如同一輛由許多匹馬所拉動的阿波羅馬車，讓每匹馬都奮力往前跑，並且在競爭中產生一致和團結。

三、雅典娜式管理文化

　　神話裡，女神雅典娜有 108 位戰士，每一位都身手不凡，而且可以獨立作戰。但是一旦有特別的任務召集時，就馬上可以組成專案團隊，任務結束後團隊也馬上解散。這種以人才為核心的組合，推崇智慧與專業，喜歡挑戰，並且以實力來論斷彼此的價值，越具挑戰性的任務越可以鼓舞這群人。

　　就如同簡廷在可以因為任務需要，在最短的時間裡組成團隊完成任務。這種以任務為核心的工作文化以導向，像是一個由粗細不同的線條交織而成的網絡，線條與線條之間的交叉點就交匯出權力，這些權力點彼此可以隨時連結，也可以隨時獨立運作。

四、狄厄尼梭斯式管理文化

狄厄尼梭斯是古代希臘的葡萄酒之神，喜愛分享葡萄酒和歡樂與和諧，這種管理文化的結構像是一個星雲，由許多各個獨立的小星體匯聚而成，表面上看來是一個巨大的整體，但是實質的結構卻由許多點狀星星組合而成。這樣的組織尊崇開創性，也是最適合培育和養成創意人的風土。

簡廷在帶領的團隊，除了需要紀律和執行力，更需要創意和開展性，這其實是很不容易的事，因為創意人需要的，是個人為中心的文化組織。要帶領創意人，除了需要擁有駕馭和管理的專業能力，更需要包容和協調的智慧與耐心。

除了四種管理文化之外，Charles Handy 也提出「酢漿草組織」的理論，他認為從現在到未來，所有的企業都會由三種人所組合而成，這三種人分別是：「專業核心人員」、「外包人員」和「臨時人員」，而這三種人所組合而成的組織形態，就如同酢漿草的三片葉子。

一、專業核心人員

　　這些人擁有企業最需要的核心能力，是企業生存的利基，也是組織最重要的人力資源。就像簡廷在面對不同專案時，永遠有一批具超強戰鬥力的基本核心團隊，這樣的團隊也像是工作文化的訊號源，持續不斷的發送著簡廷在想傳達延續的工作文化與理念。

二、外包人員

　　企業把非核心之業務分塊發包出去，除了可以集中各種資源在核心業務上，也能產生更大的效益，並且控管長期成本。如同簡廷在會針對不同任務需要預先瞭解各種資源分布的情況，維持隨時連結的能力。而迪士尼的管理人員也大都是專案約聘，管理外包人員是源自於核心團隊文化的另一種能力。

三、臨時人員

　　企業依業務需求彈性增減人力，臨時人員已經成為現在和未來極重要的組織形態。不管是低階的基礎人力或是高階的創造力專業，這些人力和外包人員最大的不同是更具個體性和獨

立性。正如簡廷在調控人力資源時，會刻意考量業務需要增聘臨時人員，這些人員甚至不會合作到整個工程任務結束，可以很彈性的引進和流動。

豪門公司也如同是以上這樣有如三片葉子的酢漿草所組成的企業，是個「3i 組織」（Intelligence, Information, Ideas），在組織裡不斷積累各種知識智慧與創意，這也將會是未來想像力產業的核心基礎結構。

如同簡廷在以「心法」和「方法」兩條軸線所建構的組織，框架出具備四種管理文化的團隊，在三種人力結構的運轉下，持續面對一次又一次新任務的挑戰。

3. 團隊與文化

2014 年 2 月 4 日，納德拉（Satya Nadella）被任命為微軟第三任 CEO。

比爾蓋茲在 1975 年創辦微軟，發展到了 1999 年，市值創下 6000 億美元的歷史高點，之後就一路走低。到了 2013 年，

市值只剩 2200 億美元。

納德拉在這樣艱困的情勢下走馬上任，只用了三年時間就把微軟市值翻倍。2018 年 12 月，微軟的總市值突破 8500 億美元，到了 2019 年微軟市值更是超過 1 兆美元，成為當時全球市值最高的公司。

讓人意外的是，納德拉之所以能重振微軟，靠的並不是鐵腕作風或震撼療法，而是以同理心來重新凝聚向心力，建構微軟的新文化，形成新團隊。

簡廷在也經歷過類似的劇情，不同的是，他所重建的團隊和文化，竟然是他自己一手創辦的公司。

1992 年把事業重心移往大陸之後，對於臺灣公司自然無法投入太多的時間和心力，以致於曾經因別有居心的幹部上下其手，導致公司陷入經營危機，主力客戶和骨幹員工幾乎被挖光。等他驚覺事態嚴重時，情況已經惡化到很難收拾，在痛定思痛之後，他用了和納德拉幾乎一樣的思維和方法，讓公司重新回到正軌。

納德拉以三年的時間重整微軟成功之後，把整個過程寫成《刷新未來》，在這本書裡，可以看得到他和簡廷在都是個性

溫和的企業領導人。媒體都稱他是「暖男」和「溫柔 CEO」，說他之所以能領導微軟反敗為勝的原因有以下三個，這些經驗也是簡廷在當年重整豪門公司的重點：

一、手段柔軟、意志堅定

微軟擁有世界上第一流的員工，而且每位員工都相信自己正致力於改變世界。納德拉上任後，先聆聽公司各部門層級數百位員工對公司的看法和建議，同時改變會議方式，讓員工能更開放、更坦誠的對話。在讓所有人都明白他求新求變的決心之後，循序漸進的依計畫推動他所想要的改變。

簡廷在當年重新整頓豪門公司的時候，也是先安定公司內的人心，讓所有同仁明白他的誠意和決心，沒有造成不必要的傷害，終於讓豪門順利轉型成功。

二、具備同理心或共贏心態

讓高階主管走出去直接面對客戶，以同理心去瞭解客戶的真正需求，並且把客戶需求化成全公司的願景與行動，找到新的聚焦方向，提供正確的產品和服務。並且對員工進行深度溝

通，建立所有人理解唯有幫客戶解決問題，才能找到生存的利基。簡廷在始終把客戶的需求放在第一，甚至比客戶更在乎品質。

因為他總是會站在客戶的角度思考，想像這些作品能帶來什麼樣的效益，當客戶感受到他的用心和價值時，就會主動幫他行銷和宣傳。他重整公司的時候也把這樣的態度再帶回來，重建公司文化。

三、建構長遠目標

納德拉提出了奮鬥努力的目標與長期願景之後，以文化變革把這些想法落實到公司的每個階層，並且持續和員工溝通，讓所有人明白他所想像的微軟未來。以這樣的願景來凝聚團隊，並且以新的制度把每個人推出各自熟悉的舒適圈。

納德拉強調以三種心態來重建微軟展望未來：

一、每一個人必須滿腦子都是客戶，時時想著客戶需要什麼，該怎麼做？

二、多元與包容，對內對外的任何交流討論都以開放的心態，永遠以做出最好成果為討論的原則。

　　三、只有一個公司，不是各自為政的聯邦，積極建立共識與認同。

　　這三個心態，也是簡廷在一直身體力行並向同仁耳提面命的。他始終認為 CEO 的「C」除了代表最高領導人，也代表著「Culture」的意含，肩負著建構企業文化的使命，所以他對於團隊始終強調三個原則，並且以這三個原則做企業文化的亮點：

　　一、**明確**：任何訊息傳達要理路清楚，內容明確。

　　二、**活力**：保持高度主動性，任何事情都超前思考和部署。

　　三、**創意**：不斷的思考問題和該如何發揮創意來解決問題。

　　文化是企業的靈魂，品質是企業的命脈，在付出巨大而昂貴的學費之後，簡廷在和納德拉一樣，終於理解到該如何建構和發展公司的新文化，打造新團隊並且刷新未來。

第十一章
永續力：建立良好制度，永續經營

「好的管理制度是，要能興利也要能除弊。」──彼得聖吉

1. 制度

　　制度和企業彼此互為因果，企業塑造了制度，制度本身又回過頭來塑造企業，兩者形成迴路，不斷強化彼此。好的制度讓企業更成功，不好的制度讓企業每況愈下。

　　1998 年，簡廷在接下了花蓮海洋公園工程，占地五十一公頃，足足比臺北大安森林公園大兩倍。在這之前，他從沒有打造過面積這麼大的建築群。

　　面對這樣的工程規模，他深刻感受到制度對企業的重要性。特別是在成長轉型的過程中，更要能發展出相對應的制

度，才能因應新的挑戰。制度是死的，人是活的，要跟著情勢來調整，延續原來的制度來發展出新制度。

　　為了打造花蓮海洋公園的景觀，簡廷在組成了五百人團隊，以公司原有的兩百名同仁為核心，經過整體規劃之後，分工成各個小組。由每個小組負責若干個各自的小專案，本來以為這樣的制度該可以讓大家各司其職，分進合擊的完成任務，這些過去小工程所運用的管理制度，怎麼看都應該很合理。

　　想不到花蓮海洋公園的工程進度卻不如預期，簡廷在這才意識到是管理制度出了問題。管理是與人性對話的藝術，最重要的是能洞察人性。他原來規劃的制度缺乏激勵和競爭，自然沒辦法對各小組的同仁產生推力，做得越慢的人，反而領的工資越多。

　　他於是設計出新的管理制度，針對三個方向去同步提升工程的速度與品質：

一、誘因激勵

　　讓各小組來搶工程，做完手上的工程，才能拿到下個工程來做，完成工程越多的團隊收入也越多。這樣的制度可以讓各

小組良性競爭，自我要求工程的速度和品質，因為這攸關著每個小組各自的利益。

二、汰弱換強

　　當各小組之間開始有了競爭，所表現的成績自然有高有低。為了讓團隊的戰力不斷提升，就要淘汰表現相對不好的團隊，並且引進新團隊來和現有的團隊競爭。這樣的制度讓公司裡的每個人持續進步，也動態的確保了公司的競爭力。

三、確保能量

　　光有以上兩種制度設計還不夠，還必須設計小組之間的合作機制，讓同仁在合作中競爭，也能靈活調度人力資源。因為每個小組之間如果能相互支援，除了會建立出合作的能力，也能適時的協助彼此工程推進，當所有的小組都具備這樣的特質，就能展現最大的團隊能量。

　　簡廷在說，良好的管理制度才能讓企業永續發展，而最好的管理制度則是讓同仁能自我管理。他認為制度設計的關鍵是

安排「資源」和「需求」兩者之間的關係，任務達標利他制度。

如同小白兔最需要的資源是紅蘿蔔，如果要讓小白兔往前跳，就必須把紅蘿蔔擺在牠該去的方向，才有可能讓牠跳到目的地。反之，如果永遠只把紅蘿蔔擺在小白兔身邊，牠根本不會往前跳，只會守著紅蘿蔔一直吃，甚至會吃到完全不想動。

人和工作之間的關係，也如同小白兔和紅蘿蔔之間的，小白兔的需求是紅蘿蔔，人的需求是錢和成就感，如果不設計好的管理制度，怎麼能怪員工不積極奮發？設計好的誘因與拉動力，才能讓企業永遠保持卓越。

簡廷在認為，在設計制度時，也要明白同仁的企圖心情況。他以「80/20」法則來比喻，一般的情況下，企業裡 80％的同仁比較缺乏企圖心，只有少數的 20％左右會想要不斷追求更高的成就。所以設計制度要掌握「**除弊**」和「**興利**」兩個重點，讓絕大部分人不犯錯，讓有企圖心的人敢於創新。如同被譽為「世紀經理人」的美國前奇異公司 CEO 傑克威爾許說的：「企業要獎勵成功，但是更重要的是，如何獎勵失敗。」

「懷有理想又勤奮認真的同仁是公司最重要的資源，這些人是未來的領導人，也總是懷有理想和願景。」簡廷在認為，

制度通常是為了大多數人而設計，但是更需要去照顧菁英，並且讓這些人的影響力不斷放大，為公司創造新的企業文化。

　　一般而言，企業領導人的視野高度，自然不是大部分員工所能企及的。對於公司高層所提出的遠景和理想，也永遠有少數菁英能理解和認同，所以設計管理制度的時候，就要能掌握「質變」與「量變」之間的關係。讓菁英不斷強化對公司高層的認同，讓更多同仁願意支持菁英的想法和做法，公司的人力素質也自然會不斷提高。

　　簡廷在曾經應邀到一家知名的餐飲集團演講，他在與這家公司最高階的二十多位主管對話交流後發現，這家企業所設計的制度，掌握了讓員工自動自發管理自己的重點，針對旗下三百多家餐廳，建構一套和傳統餐飲業完全不同的運作模式。

　　一直以來，傳統餐廳總是以主廚為核心，主廚也往往同時掌握了「技術」、「採購」和「管理」這三大核心資源。但是這家集團卻以每家店的店長為核心，因店長來負責採購和管理，並且建立各種 SOP（標準作業流程），要求主廚公開每道菜的配方。

　　為了精準控管成效，這家餐飲集團除了建立四十五本訓練

手冊之外，也為員工製訂了一百多項 KPI（關鍵績效指標），每人每月的薪水都根據 KPI 計算，KPI 得分越高，薪水也相對越高，這些表現也會影響每位員工日後的升遷。

經歷了三十多年的企業經營，面對每一次新任務時，簡廷在都會再一次思考該用什麼樣的制度來帶領公司走向下一個未來。他早已明白，時代和市場一直在改變，變是永遠唯一的不變，公司的管理制度更需要與時俱進，不斷的求新求變。

2. 修練

簡廷在對於企業建立制度和永續發展的思維，也一直是過去百年來世界各大企業的共同課題。所有的企業負責人都希望能找到最好的方法，建立制度讓企業長治久安。

2005 年，英國《金融時報》（Financial Times）針對全球商業領袖做了一項調查，請這些企業菁英分享最具影響力的好書。之後從二十多萬本商業管理書中，選出第一名的書是 Peter Senge 所寫的《第五項修練》。

　　這本書在華文世界中也長期一直受到歡迎，被譽為「中國第一知識網紅」的羅振宇，就曾經多次推崇 Peter Senge 所提倡的「學習型組織」和「終身學習」理念。許多知名的兩岸企業家都是他的粉絲，Peter Senge 也數度造訪大陸，對於華人企業世界提出許多建言。

　　Peter Senge 認為，所有的學習都包含「**思考**」和「**行動**」兩個方面，這也是建構企業制度的最根源，讓企業能成為一個持續學習的有機體，時時翻新自己，這樣才能掌握公司內外整體的現狀和未來市場演進的方向。

　　《第五項修練》討論的重點是五項企業的必修課，從「**自我超越**」、「**改善心智模式**」、「**建立共同願景**」、「**團隊學習**」到最後的「**系統思考**」，這五種修練所聚焦組成的，其實就是五種企業建立制度的重要工具。

　　簡廷在對企業建立制度的經驗，也分別經歷過這五種修練，從公司的升級思考，到以願景激勵和帶領團隊，對比於 Peter Senge 的理論，可以更瞭解企業建立制度的各種必經歷程。

一、自我超越

企業建立制度，並不是為了維持現狀，如果沒有自我超越和成長的心態，制度就會被現狀所限制住。自我超越最重要的能力是實事求是，誠實的面對自己和世界，並且全心的投入。就像簡廷在永遠勇於去尋找新的挑戰，這些挑戰往往大到他的資源和能力無法負荷，他總是抱著學習的心態去面對，讓自己和團隊同步成長。

這樣以耐心和專心與全心的投入，正是打造學習型組織最基礎的工程。

二、改善心智模式

心智模式對於決策和知識與創意都有極大的影響，也就是認知和態度。這決定了我們對世界一切的假設與評價，也建構了價值觀。簡廷在對於每件作品的態度也都來自同樣的認知，每一次任務都是客戶給予的機會，除了要讓客戶滿意，也要打造一生能回味的紀念品。

把工作當成是創作，也當成是進化的機會，當這樣的認知持續放大，就會進一步形塑企業成為學習型組織。

三、建立共同願景

　　願景是企業對未來的想像，所以必須透過制度來凝聚內外的共識，建立共同的目標，把個人內在的價值觀和企業願景價值對準連結。同時透過紀律和行動精準的一步步落實，對個人和公司都是夢想的實現。

　　簡廷在認為這也是團結力的體現，一個團體永遠必須具備共同的願景和認知，他先把這些理念內化成自己的認知，然後轉化成組織學習的方向。當組織學習的方向一致，就是把學習型組織的能量開始轉化釋出的開始，也會把各種資源往共同的願景聚焦。

四、團隊學習

　　一個人走得快，一群人走得遠，一群人一起學習的成效也會更好。企業想永續經營，就必須透過制度讓所有人永續學習，從最高領導人到基礎員工都樂於學習新技能和新知識。簡廷在的本行並不是建築業，但是經過長時間的學習之後，他和豪門已經在主題樂園產業的建造專業上擁有一席之地，這樣的過程，也為豪門打造了永續學習的重要制度。

五、系統思考

在經歷之前的四項修練之後，企業要建立制度最後也重要的挑戰就是系統思考。企業由各種系統所構成，所有的結構都是環環相扣彼此影響，所以必須以系統思考來修練，才不會在工作時見樹不見林。

簡廷在思考決策和資源分配時，往往特別注意整體的效益，一定要把整體的情勢看清楚之後才出手。以這樣的制度來運作，才能讓公司運作出最好的綜效。

以上 Peter Senge 所提出的五項修練，都是為了讓企業建構學習型組織。

對現代企業而言，學習型組織應該是所有制度背後最重要的制度，即使外在環境再劇烈的變動，學習型組織仍然可以把企業帶到對的制度和對的方向，讓組織更精簡扁平，也更具彈性來因應挑戰，並且終身學習與不斷組織自我再造，常保競爭力和活力。

但是學習型組織並沒有標準的樣態，而是一種態度或理念，因為始終動態的學習，所以組織永遠能用新思維來動態思

考。從瞭解客戶需求出發，來驅動企業內所有的資源，以最快的速度達成目標。

這種以客戶為中心的制度，在豪門公司其實已經建立很久。不管是在臺灣或是大陸，除了隨傳隨到，簡廷在甚至把專案辦公室設在工地裡，永遠提供客戶最快最好的服務。久而久之，永遠貼近客戶、瞭解客戶、滿足客戶，也成了豪門公司的制度與文化，在全球主題樂園產業，能做到這樣服務品質的同業並不多。

以建構學習型組織為核心，簡廷在把制度的建構和永續經營牢牢的綁在這個地基上，而且始終以身作則的帶領整個企業前進，設法使各階層同仁全心投入，如同他不斷的學習。世界變化越來越快，也越來越複雜，只有透過不斷學習發展自身的適應能力，企業才能不斷進步。未來，只有懂得激發學習熱情和學習能力的組織，才能永續經營。

如同 Peter Senge 的名言：「要想教給人們一種新的思維方式，就不要刻意去教，而應當給一種工具，通過使用工具培養新的思維模式。」這句話其實也說明了制度對企業的價值和重要性。

3. 旅程

　　1982 年，簡廷在創辦了豪門公司，從二林老家頂樓加蓋的鐵皮屋出發，一路走過三十多年歲月，對於這漫長的旅程，他仍然充滿想像。除了心中想像豪門公司的下一個旅程，也致力於建立公司的制度與文化，如同設計企業的導航系統，以躍向新的高度。

　　他想打造的是一家高瞻遠矚的公司，不斷的轉型升級，如同從浮雕匾額的小生意變身成打造迪士尼樂園的歷史工程。他希望豪門長期枝繁葉茂，在良好的制度下永續發展。

　　這樣的想法，也如同知名美國管理學者 Jim Collins 所寫的《基業長青》這本書裡對企業制度的探討。針對奇異、3M、默克、惠普、迪士尼等十八個經典企業進行研究，瞭解是什麼樣的制度可以讓這些公司一直永續發展。

　　Jim Collins 在史丹佛大學進行了六年的研究，審視這些公司由最初創建到今天所走過的歷史，一直問著同樣的問題：「是什麼使這些公司與眾不同？」他發現，這些公司的制度都擁有三個共同的重要觀念：

一、造鐘，不是報時

　　這些企業通常是製造時鐘而不是報時的人，以創造公司的獲利和永續發展為最重要的目標。擁有核心理念和追求進步的動力，並且能配合保存核心能力及刺激進步的需要，來為公司創造制度。簡廷在從一次又一次的實務經驗中，找到制度的靈感，並且始終思索著公司的長期發展，其實也是一種「**造鐘**」的思維。

二、超越利潤的追求

　　激勵公司全體聚焦核心理念思考，不完全以利潤為導向來工作，同時追求長期與短期的發展。是「務實的理想主義者」，瞭解利潤是生存的必要條件，也不會忘記追求理想。簡廷在面對每一次的作品也是同樣的態度，全力向客戶爭取合理的資源，在簽完約之後就忘掉成本，以做出最好的作品為目標。

三、保存核心，刺激進步

　　從事大膽、具有挑戰性且經常有高風險的計畫，投入大量資源多方嘗試，持續改進並追求熱情。喜愛激發團隊活力，甚

　　至會刻意去尋找「膽大包天的目標」。如同簡廷在總是不斷挑戰自我的極限，越困難的任務反而越讓他振奮，這樣的信心和勇氣，讓他不斷的開拓更大的事業舞臺。

　　《基業長青》這本書裡也提到，企業是逐漸演進的物種，公司和個人都必須永續進化，同時塑造良性競爭的文化。簡廷在長期以來對豪門公司的「整頓、規劃、嘗試、調整、行動」，一系列的整頓始終沒有停過，目的也是希望打造健康的企業體質，讓最強的人才都能留在豪門，為成就想像力經濟的下一個高峰而努力。

　　正如迪士尼的創辦人華特迪士尼曾說：「迪士尼的使命是，只要世界上還有想像力存在，迪士尼樂園就會存在一天。」這樣的理念始終是這家公司的核心價值，進而形塑了企業的各項制度。這樣的認知也始終存在簡廷在心中，以對想像力產業的使命做為公司的核心理念，持續追求而且永遠向前。

第十二章
格局力：與高端市場為伍

「立定格局之後，就一直走下去，不要回頭看。」——魯迅

1. 高端思維

　　全世界有六座迪士尼主題樂園，其中有三座的設計與主要工程，是由簡廷在的豪門公司所負責，分別位於加州、香港和上海。

　　回顧簡廷在的事業歷程，之所以在後來能成為迪士尼的重要合作夥伴，關鍵在於對於「**高端**」這兩個字的堅持與實踐。

　　從創業的第一天開始，簡廷在就一直以高端定位自己。以最高端的產品服務最高端的客戶，這兩者不斷的加值彼此，產生正循環的價值。高端客戶讓他製作出更高端產品，更高端的

產品也會引來更高端的客戶。

三十多年前,南部一家老飯店請他幫忙改造和設計外觀,這件事也讓簡廷在更明白追求高端的意義和力量。他原本以為,自己的專業只是幫客戶用藝術與科技來打造建築外觀,但是這次的經驗讓他意識到文化和創意的神奇魔力,他用玻璃纖維材料為飯店以古典英式風格的外觀包覆之後,老飯店變身為地標級的景點,馬上成為婚紗攝影的熱門景點,吸引許多遊客前來。

飯店改善外觀、提升格局之後,老闆也成了名人,許多地方名流聞名前來朝聖,飯店裡的餐廳也生意大好。看到這樣的榮景,這位飯店業主多次表達感謝,認為他用英式雕塑幫他提升身分和事業高度。

「我以為他是因為賺到錢感謝我,想不到他在乎的是賺到『人』。」他說,因為飯店成了話題地標,吸引了許多在地菁英走進飯店。這些菁英都和飯店老闆成為好友,所結交的朋友都是律師、教授和企業家等人中龍鳳,也大大的強化了這位業主在地方的話語權和影響力。後來,他甚至成為地方文化界的意見領袖,經營藝術經紀生意,飯店外觀的整修顯然帶來許多

附加價值，讓他名利雙收。

「我只結交能讓我更進步的朋友，而且您是我朋友裡面最年輕的，我的朋友都是年紀比我父親更大的高端人才。」這位飯店業主總是對簡廷在這樣說，某種意義上也認定簡廷在是高端的朋友。

這個經驗讓簡廷在意識到與高端為伍的重要性，個人要成長，必須要結交比自己優秀的朋友；公司要成長，就要服務第一流的客戶。

不久之後，他把公司的經營重心移到大陸，並且開始爭取國際級的大客戶，後來才有機會成為迪士尼的合作夥伴。在與這些巨頭企業合作的過程中，他一次又一次的理解到與高端為伍的重要性。

「客戶就像企業的載體，搭上對的載體就能飛得更快更高更遠。」簡廷在說，豪門的成長受惠於高端客戶的啟發，所以也總是自我期許能成為更多合作夥伴的好載體，共創共用共榮。唯有持之以恆創造自己被利用的價值，才能讓客戶來持續的合作，客戶永遠也只會選擇能讓自己進步的合作夥伴。

簡廷在認為，要得到客戶的認可和尊敬，除了謙虛的態

度，更重要的是實力。爭取業務的時候，要全心聆聽客戶的需求，工作時則要全力發揮專業，這兩種心態看起來是商人和藝術家兩種完全不同的人格，卻必須要兼顧。他認為，就像詩人與農夫看來是兩種不同的身分，但是詩人可以是農夫，農夫也可以是詩人，也可勞心也可勞力，這是他這一行專業很重要的特質。

目前中國大大小小的主題樂園已超過一千兩百座，預計往後每年至少會再多出一百座。主題樂園已經成為全面拉動經濟的整合型產業，甚至取代電影成為拉動創意文化產業的火車頭。除了能連結文學、美術、影視、建築、科技、餐飲等多元人才，更具有「**土地增值**」、「**打造智財權**」和「**創造就業**」的巨大價值。

這些總總，都讓簡廷在意識到自己的專業不只是打造主題樂園，更是正在參與一個前所未有的想像力經濟的成型過程。他說，想像力經濟的範疇和格局，大大超越文化創意產業，一直以來，文創產業的市場多半在餐飲和旅遊，但是想像力經濟卻是一種基因，可以滲入各式各樣高附加價值的產業裡（比如建築和科技），發揮更大的價值。

　　過去三十多年來，從臺灣發展到大陸又回到臺灣，他認為自己其實經歷的是一次「想像力經濟」的壯遊，而且最精彩的部分才正要開始。特別是因為疫情在臺灣長住這大半年，也讓他看到未來兩岸想像力經濟的必然榮景。

　　對於發展想像力經濟的理念，簡廷在不只是想想而已，他除了一步步實現自己的理想，也用這些思維規劃公司未來的發展。除了以「藝術建築」這樣的主張切入建築市場，把多年來打造主題樂園的經驗，用來把建築藝術化，為建物創造更高的價值，也為公司的發展策略規劃出三條主軸。

主軸一、文創 IP：

　　結合文化與藝術，打造具自我特色的智財作品，如同迪士尼創造米老鼠成為美國精神文化的代表。

主軸二、藝術建築：

　　結合在地元素和國際視野，為建築賦予新生命，讓建築成為塑造精神文明的平臺。

主軸三、建材循環經濟：

　　回收各種建築材料，以科技處理之後再製成新材料來運用，讓資源能充分發揮價值，也能為環保加分。

　　從這三條軸線出發，簡廷在已經帶領豪門公司走向新的旅程，永續向高端的合作夥伴學習。這麼多年以來，他其實已經明白，最美好的風景不是抵達，而是很確定自己正走在對的旅途中。

2. 壓力與實力

　　表面上看來，與高端為伍像是一種被動成長策略，透過頂尖客戶或合作廠商所帶來的壓力和養分，企業得以不斷成長。

　　但是要能與高端為伍，自身也必須具備一定的高度和能力，日本管理學者大前研一認為，這樣的特質可稱為「專業力」。當自身夠專業，企業體質夠強，才能有機會和最菁英的公司合作，這樣的專業力是由「**先見力**」、「**構思力**」、「**議論力**」和「**矛盾適應力**」這四種力量所構成，也一直是簡廷在經營豪門公司的主軸思維，專業力其實就是與高端為伍最重要的核心能力。

　　要掌握市場動態，就必須具有預見市場變化的能力，之後

構思因應的方案，並提出具說服力的解決方案，再針對現實動態彈性落實，這一連串能力的運用，也是面對多變的市場的不變心法，也是造就專業的黃金方程式。

　　大前研一認為，日本企業的員工教育資源都很豐富，甚至市場上還有專門提供企業教育訓練的公司。不過，光是給員工教育訓練還不夠，沒有確立「紀律」的環境，再怎麼教育也不會開花結果。簡廷在永遠把「**紀律**」放在所有工作的第一位，沒有紀律，再好的點子也無法落實執行。

　　什麼是紀律？全球頂尖企業都有一個共同的文化。不管哪一個職位的員工，都必須不斷學習成長，進入公司之後，依公司制度安排就該逐年升遷。如果在一定時間之內無法晉升到一定的階級，並且培養出這個階級所需的能力，就該離開公司。

　　像知名的顧問公司麥肯錫，每年都有兩成的員工離開。這表示，今年如果有一百名新人進麥肯錫，四年後就只剩下二十人，這也是確保企業競爭力最重要的原則。這項內規促使員工拚命主動學習，即使日後無法在麥肯錫工作，也會在其他企業有優秀的表現。

　　這樣的「**保持卓越**」思維，也一直是簡廷在身體力行的，

他永遠主動追求難度更高的挑戰，面對挑戰就必須不斷學習。並且在公司內部設計各種競爭制度，讓最好的人才留下來，所以最後能留下來的同仁總能具備「**先見力**」、「**構思力**」、「**議論力**」和「**矛盾適應力**」這四種建構專業的重要能力：

一、先見力

　　大前研一認為，優秀的企業經營者都具有強烈的危機意識，每一天都會有一種危機感，深怕今天如果做了一個錯誤判斷，明天公司就毀了。即使領導的是頂尖企業，心情卻永遠如履薄冰。必須以智慧洞燭先機和預見未來，擁有這樣的能力之後，企業才具備生存的基本條件。

　　簡廷在一直扮演的角色，除了是公司領導人，也是遠景的洞見者。三十多年來他一直密切的關注市場風向，並且把握每一次風起的機會讓公司轉型。從最早的美術設計業跨進建築業，再從建築業跨進主題樂園產業，如今又往文化創意事業探路，這些轉型都是他先見力的展現。

　　英特爾前總裁葛洛夫（Andrew Grove）有一句名言：「唯有偏執才能得以倖存。」永遠抱持著雖然偏執卻具建設性的猜

疑。這種健康型偏執所帶來的緊張感，能提高感受力，並根據優異的洞察力發揮行動。

二、構思力

　　大前研一認為，想在新時代勝出，先要能夠謙卑虛心地一一檢證事實，以此做為出發點來進行各種思考。更重要的是，必須能從束縛自我的慣性思考模式中解放出來，甚至要毀棄自己所累積的舊經驗。因為不放掉舊的認知，就無法發想新創意。他認為無知並不可怕，不知道自己的無知才可怕，明白自己的無知就會去學習，不瞭解自己的無知就會停止進步。

　　簡廷在認為客戶就是老師，只有好的老師才能讓公司不斷進步成長。他也總是在和全球頂尖企業合作的過程中學習，瞭解對方的思考模式，並且內化成公司的知識與制度。他常問自己「有什麼是我不知道的？」、「這些新知會對公司產生什麼影響？」、「該如何去因應和學習？」這三個問題，並且不斷思索。

　　面對自己不曾經歷的事物，就會用過去的價值觀和知識來思考，這是人這種動物與生俱來的惰性，人性的本質並不討厭

變化，只是討厭改變自己。

三、議論力

　　大前研一認為，企業必須建立直言不諱、透明溝通的文化。一九七〇年代，美國有一個極受歡迎的電視節目「銅鑼秀（The Gong Show）」，邀請一般觀眾上節目表演歌藝，如果參加者唱得太難聽，臺下的評審就會立刻大鑼一敲，請他下臺。後來，這樣的「銅鑼秀」也在迪士尼公司的內部會議裡上演。

　　這種內部的銅鑼秀會議誰都可以參加，與會者必須想出自認最好的點子，如果點子很無趣，誰都可以敲鑼要求閉嘴，即使對方職務再高。

　　簡廷在主持任何內外部會議時，總是刻意去聆聽不同的意見，意見來源越多元越好，因為不同的專業和階級，往往能對同一件事看到不同的視野。讓每位與會者都能站在平等的立場發言對話，這樣才能得到發自真心且具有創造性的討論。

　　一般企業會議往往會有以下這些通病，不是老闆一人在唱獨角戲，就是爭功諉過的自我吹噓和彼此攻擊，再不然就是對上位者逢迎拍馬，這其實都對公司造成莫大的傷害。

四、矛盾適應力

　　大前研一發現，許多頂尖企業都擁有相當特別的適應力，能發揮規模經濟的優勢，也能讓企業充滿個性和活力。這種用理性的經營手法來管理非理性的世界，看來矛盾，但是如果能巧妙組合這些矛盾衝突，便能帶來極大的利益。

　　像旗下擁有路易威登、迪奧、嬌蘭、軒尼詩等知名品牌的法國 LVMH 集團，在不損害旗下品牌傳統與個性的前提下，達到集團的規模經濟，建構了一個合理性又不會扼殺非合理性與感性的系統。LVMH 集團領導人從財務著手，保證創意流程絕對自由。各品牌雖然同屬 LVMH 集團，但沒有失去各自的獨特性，彼此之間也有很高的競爭意識，以保持對顧客的吸引力。

　　簡廷在的團隊裡，有強調理性的工程和科技人，也有重視感性的創意人。身為領導者，必須讓這兩種思維和價值不同的專業人才合作共創，這便是大前研一所說「矛盾適應力」的體現。

　　經歷以上這四種力量長期積累，打造了豪門公司與高端為伍的實力，一次又一次的面對壓力，也不斷的增長實力。

3. 迪士尼的 IP 策略

　　歷經三十多年的探索發展，簡廷在已經開始把豪門轉向「IP 公司」發展，聚焦創造 IP 來連結和拉動過去所累積的所有資源，如同迪士尼以 IP 為核心來全方位經營。

　　1926 年，華德迪士尼以 50 美元起家創辦了迪士尼，從製作動畫片出發，一路整合併購完成了產業鏈布局，如今已成為全球營收規模最大的娛樂事業集團，員工超過二十萬人，年營業額超過 500 億美元。

　　迪士尼競爭力的最核心是 IP，也就是從米老鼠以來在各種影視故事裡產生的角色。這些角色不會老、不會死，米老鼠從 1928 年誕生到今天已經快一百歲，越老越會賺錢，也始終是迪士尼頭號的搖錢樹，每年至少幫迪士尼賺進 30 億美元，最近更密切和各精品廠商合作，昂然闊步的走入奢侈品市場。

　　簡廷在認為，IP 產業的意義不只在於市場產值，更是國力和自信的展現，華人世界要建構屬於自己的文化娛樂產業鏈，就要以 IP 做為產業鏈核心，運用各種板塊來發展，從網路媒體、影視娛樂、主題樂園、消費產品和電玩來分進合 。

　　和迪士尼合作之後，簡廷在有更好的視角和資源，來向這個娛樂王國學習。他發現，迪士尼是 IP 產業裡最能利用資源的領導品牌，遍布全球的主題樂園裡有度假區、飯店甚至小鎮，再結合影視資源，除了卡通還有音樂製作，以及周邊相關業務，再加上長時間的深度經營，一代一代的如滾雪球般培養出許多「迪士尼世代」的粉絲群，甚至有的家庭一家好幾代都是看迪士尼長大的。

　　此外，因應數位科技年代，迪士尼也運用大數據資料庫來強化顧客黏著性與提高收益，以獎勵機制和組合套餐等優惠產品，來提高顧客忠誠度。比如整合網站、手機及電子手環打造物聯網系統，即時接收遊客的各種行為數據，用來調整主題樂園內的客流量，發送手機訊息給遊客折扣優惠和推薦遊樂景點等資訊。

　　簡廷在認為，迪士尼最核心的工作，仍然是經營 IP，隨著不斷擴張併購，IP 也越來越多，再讓每個 IP 盡情散發更大的價值，如此生生不息的運轉「迪士尼經濟」。

　　迪士尼董事長 Bob Iger 在他的自傳《我生命中的一段歷險》書裡，談到了迪士尼的 IP 經營哲學，書裡特別提到他在 2006 年

收購皮克斯、2012年收購盧卡斯影業和2017年收購二十世紀福斯這三大戰役。

Bob Iger認為，這個戰略思考，就是在收購人類想像力經濟最高附加價值的核心資產。壯大迪士尼的IP規模，讓迪士尼的核心客群，從家庭、兒童快速延伸到成人市場。這些IP都是時光的產物，不可逆也不容複製，卻是人們永生烙印在腦海裡的記憶，迪士尼只要能緊緊抓住這些想像力的根源，就能在任何產業攻城掠地。

「每天，我都在思考科技如何重新定義人類創造、傳輸和體驗媒體的方式，以及媒體科技對於消費者與迪士尼品牌忠誠度的意義。我也努力思索如何讓迪士尼這個品牌與全球數十億人口建立聯繫。」以上這些話語，該也就是Bob Iger對於想像力經濟的想像與投影。

後記
三意十力與想像力經濟

三十多年來，簡廷在打造了許多建築作品，他認為這些建築都是「大地藝術雕塑」，是永不凋零的藝術品，這些作品可以永存百年千年。

「我的理想是，留下代表我們這個時代的經典藝術建築給後世。」他說，試想千百年之後，未來的人們會看到我們這個時代留下哪些「大地雕塑」？

秦朝留下了萬里長城，明朝留下了紫禁城，西元 1173 年的義大利人留下了比薩斜塔，西元前 457 年的希臘人留下了宙斯神廟，我們這一代人又要如何打造時代的記憶？他認為，答案就在「創意」、「公益」和「生意」這三意裡。

「**創意**」指的是整合各方專業的創意人，從人文到科技，大家目標一致以共識來共事，群策群力創舊立新。簡廷在看過全世界最壯麗的主題樂園之後，發現人類最推崇的藝術建築物

都是在向歷史致敬。古今中外，每個年代的經典都是文化脈絡的延續，在那些科技能力遠不如今天的古老年代，人類已經打造出那麼多令人嘆為觀止的藝術建築。他相信，以今天的科技，人類所留下的作品一定可以大大超越以往。

「**公益**」指的是文化的延續與創新，每一代人都是前一代人生命的延續，這是人類對抗死亡的方法。每個人的生命都有大限，但是文化卻可以一代人接一代人的活下去，延續國族文化也成了每個人天經地義的使命。

而打造能永久流傳的藝術建築，就成了延續意志最有效的方法，特別是文化主題樂園的大地雕塑造景這樣的行業，更能透過商業機制來長期保存人文。引來每位國際人士走進園區的遊客，其實也都是以國際觀光消費在支援文化的延續商機再造工程，留給下一代國際觀光財富資源的「公益」。

「**生意**」指的是永續保存建築與文化的機制與方法，過去時代的建築多半由帝王所打造，一旦改朝換代就很容易被各種外力所破壞毀滅。因為建築是權力的表徵，新的權力結構出現時，必然會摧毀舊的權力結構。但是當人類走到今天民主和多元價值觀年代，我們有更好更健康的方法來創造當代文化創

新，與永續保存這個時代的地標藝術建築，不管是透過跨產業資源整合的市場經濟與商業管理力量，或是群眾的共同支持創造核心永續經濟價值鏈。

簡廷在認為，發揮「三意力」戰略，再以「豪門十力」做為實踐戰術，就能為主題樂園產業找到全新的方向與格局。造就持續性的「價值創新」，以更低廉的成本製造高附加價值的產品。也自然會直接觸動想像力經濟的發展，打造一個由人文和科技共同不斷繁榮彼此的新時代。

放眼未來，簡廷在將全力以主題樂園為平臺，打造屬於華人更屬於全世界的 IP，並且聚焦於「時空旅行」和「環境保育」兩個主題方向，以這兩個焦點呈現最在地也最國際的 IP 故事。

「時空旅行」主題，是從土地的歷史出發，回溯過去也展望未來，甚至從地表深入地心也飛向宇宙，以時空為畫布來揮灑想像力。像目前正在發展的「山海經」主題樂園，就同時呈現了中國神話與星際旅行的各種想像。

「環境保育」主題，是從人和環境的關係來詮釋彼此共生共榮的重要性，這樣的作品在珠海長隆橫琴灣酒店已經展現得非常清楚。簡廷在和豪門團隊以壯麗的地景雕塑，詮釋人與海

豚之間的情誼。當人有了危難，海豚挺身相助；當海豚面對威脅，曾經被救助過的人類也出手搶救。結合在地的資源特色，每座主題樂園都是最好的環境保育教室。

主題樂園的事業旅程，簡廷在已經走了三十多年，但是他覺得最精彩的一段，現在才要開始。

放眼過去，人類的經濟史其實就是一部「價值創造史」。七萬年前走出東非的智人，從「認知革命」開始，陸續經歷了「農業革命」和「科技革命」，這一連串以智慧和創意打造文明的歷程，將在二十一世紀引爆一場前所未有的「想像力革命」。

簡廷在認為，想像力革命的戰場將以主題樂園為平臺，以IP整合並加值所有產業，想像力也將成為企業最要的生存力和競爭力。

回顧過去人類經濟發展的軌跡，一切的脈絡其實都相當清楚也容易理解。從火力、水力、電力、風力到數據力，這一路的「能源革命」已經走到分水嶺，想像力將成為人類在後數位時代建構新文明最重要的能源。如同二十世紀以文化和創意為產業加值，在二十一世紀，「想像力思考（Imagination Thinking）」的價值更會大大超越被全球創意人奉為圭臬的「設計思考

（Design Thinking）」和「創意思考（Creative Thinking）」。

　　未來，簡廷在會如何發展他所想像的「想像力經濟」？他說，這是大勢所趨，過去二十年來全球市場共同走過知識經濟與創意經濟，這些經驗都已經為想像力經濟時代鋪平了道路。不管個人、產業或國家，最重要的核心競爭力就是想像力，這樣的能力融合了文化、科技與創意，匯集出巨大的能量來驅動整體經濟的發展。

　　「未來，每一場商業競爭都將是想像力的競爭。」簡廷在說，他將盡最大的努力倡議和協助更多企業發展想像力經濟，讓這些想像力匯流成巨大的獲利和影響力，實現「創意、公益、生意」的地球村三意社會巨大商機。

　　簡廷在說，放眼未來，臺灣的經濟更需要藉助國際觀光消費。因此，必須全力發展當代文化藝術 IP 的主題公園產業，才能吸引國際人士關注來臺消費。創造屬於未來的文化創意產業資源，發展觀光產業，強化國際競爭力。這些作為除了創造有形和無形的財富，更能提高臺灣的國際能見度。

與迪士尼同行

簡廷在的三意與十力

作　　　者／簡廷在・吳仁麟
封 面 攝 影／簡汝羚
封 面 設 計／英國生活幸福的瞬間
封 面 編 排／楊尚友、陳泓佑
美 術 編 輯／孤獨船長工作室
責 任 編 輯／許典春
企畫選書人／賈俊國

總 　編　 輯／賈俊國
副 總 編 輯／蘇士尹
編　　　輯／高懿萩
行 銷 企 畫／張莉榮・蕭羽猜

發 　行　 人／何飛鵬
法 律 顧 問／元禾法律事務所王子文律師
出　　　版／布克文化出版事業部
　　　　　　臺北市中山區民生東路二段 141 號 8 樓
　　　　　　電話：(02)2500-7008 傳真：(02)2502-7676
　　　　　　Email：sbooker.service@cite.com.tw
發　　　行／英屬蓋曼群島商家庭傳媒股份有限公司城邦分公司
　　　　　　臺北市中山區民生東路二段 141 號 2 樓
　　　　　　書虫客服服務專線：(02)2500-7718；2500-7719
　　　　　　24 小時傳真專線：(02)2500-1990；2500-1991
　　　　　　劃撥帳號：19863813；戶名：書虫股份有限公司
　　　　　　讀者服務信箱：service@readingclub.com.tw
香港發行所／城邦（香港）出版集團有限公司
　　　　　　香港灣仔駱克道 193 號東超商業中心 1 樓
　　　　　　電話：+852-2508-6231 傳真：+852-2578-9337
　　　　　　Email：hkcite@biznetvigator.com
馬新發行所／城邦（馬新）出版集團 Cité (M) Sdn. Bhd.
　　　　　　41, Jalan Radin Anum, Bandar Baru Sri Petaling,
　　　　　　57000 Kuala Lumpur, Malaysia
　　　　　　電話：+603-9057-8822 傳真：+603-9057-6622
　　　　　　Email：cite@cite.com.my

印　　　刷／韋懋實業有限公司
初　　　版／2021 年 1 月
定　　　價／300 元
ＩＳＢＮ／978-986-5568-16-0

城邦讀書花園　布克文化
www.cite.com.tw　www.sbooker.com.tw